Teoria da Base Objetiva do Negócio Jurídico

Teoria da Base Objetiva do Negócio Jurídico

2020

Tamiris Vilar Brufatto

ALMEDINA

TEORIA DA BASE OBJETIVA DO NEGÓCIO JURÍDICO
© Almedina, 2020
AUTOR: Tamiris Vilar Brufatto

DIRETOR ALMEDINA BRASIL: Rodrigo Mentz
EDITORA JURÍDICA: Manuella Santos de Castro
EDITOR DE DESENVOLVIMENTO: Aurélio Cesar Nogueira
ASSISTENTES EDITORIAIS: Isabela Leite e Marília Bellio

DIAGRAMAÇÃO: Almedina
DESIGN DE CAPA: FBA

ISBN: 9786556270814
Outubro, 2020

Dados Internacionais de Catalogação na Publicação (CIP)
(Câmara Brasileira do Livro, SP, Brasil)

Brufatto, Tamiris Vilar
Teoria da base objetiva do negócio jurídico /
Tamiris Vilar Brufatto. -- São Paulo : Almedina, 2020.

Bibliografia.
ISBN 978-65-5627-081-4

1. Boa-fé (Direito) 2. Direito civil 3. Código
civil - Brasil 4. Contratos - Brasil 5. Função social
6. Negócio jurídico I. Título..

20-40241   CDU-347.13

Índices para catálogo sistemático:

1. Negócio jurídico : Direito civil 347.13

Cibele Maria Dias - Bibliotecária - CRB-8/9427

Este livro segue as regras do novo Acordo Ortográfico da Língua Portuguesa (1990).

Todos os direitos reservados. Nenhuma parte deste livro, protegido por copyright, pode ser reproduzida, armazenada ou transmitida de alguma forma ou por algum meio, seja eletrônico ou mecânico, inclusive fotocópia, gravação ou qualquer sistema de armazenagem de informações, sem a permissão expressa e por escrito da editora.

EDITORA: Almedina Brasil
Rua José Maria Lisboa, 860, Conj.131 e 132, Jardim Paulista | 01423-001 São Paulo | Brasil
editora@almedina.com.br
www.almedina.com.br

SUMÁRIO

INTRODUÇÃO 7

1. TEORIA DA BASE OBJETIVA DO NEGÓCIO 15
   1.1. Evolução histórica 15
   1.2. Conceito 23

2. TEORIA DA BASE OBJETIVA E A FUNÇÃO SOCIAL DO CONTRATO 31
   2.1. Código Civil de 2002 31
   2.2. Função social do contrato 39
      2.2.1. Origens 41
      2.2.2. Conceito 47
      2.2.3. Função social do contrato como fundamento da teoria da base 52
   2.3. A nova redação do artigo 421 62

3. OUTROS INSTITUTOS QUE FUNDAMENTAM A TEORIA DA BASE 69
   3.1. A interpretação contratual 70
   3.2. Boa-fé objetiva 79

4. JURISPRUDÊNCIA 93

CONCLUSÕES 101

REFERÊNCIAS 109

Introdução

De origem alemã, a teoria da base objetiva do negócio jurídico trata do conjunto geral de coisas e circunstâncias que são objetivamente auferíveis e que fundamentam uma determinada contratação, compondo a verdadeira essência do contrato. Na hipótese de destruição dessa essência, o contrato deixa de fazer sentido, pois perde a sua finalidade, podendo então justificar a revisão contratual.

Na doutrina alemã essa teoria tem uma longa história passando por juristas como Windscheid e Oertmann para então ser aprimorada por Karl Larenz[1]. No processo de aprimoramento da teoria, entretanto, Karl Larenz busca grande parte de sua inspiração no direito Inglês, pela análise dos famosos *"Coronation Cases"*[2].

---

[1] A evolução histórica da teoria da base objetiva do negócio jurídico e, especialmente essa evolução de Windscheid, Oetermann e Karl Larenz, é possível de observar em diversos textos citados nesse trabalho. Dentre os quais, na própria obra de Karl Larenz (LARENZ, Karl. **Base del negocio jurídico y cumplimiento del contrato**. Granada: Editorial Comares, 2002.), no texto de Renato José de Moraes (MORAES, Renato José de. **Alteração das circunstâncias negociais**. In. PEREIRA JÚNIOR, Antonio Jorge; JABUR, Gilberto Haddad (Coord.). **Direito dos contratos**. São Paulo: Quartier Latin do Brasil, 2006), e de Othon Sidou (SIDOU, J. M. Othon. **A revisão judicial dos contratos e outras figuras jurídicas: a cláusula rebus sic stantibus; dos efeitos da fiança; empresa individual de responsabilidade limitada**. Rio de Janeiro: Forense, 1978).

[2] Os famosos Coronation Cases britânicos ocorreram no início do século XX, sendo que a decisão do *"leading case"* Krell v. Henry data de 1903. Na época, diversas pessoas alugaram os balcões de suas casas para que os locatários pudessem testemunhar o desfile de coroação de Eduardo VII, este, entretanto, ficou doente na data da coroação e o desfile não aconteceu.

TEORIA DA BASE OBJETIVA DO NEGÓCIO JURÍDICO

A aplicação da teoria de Karl Larenz foi aceita pela legislação alemã, sendo incorporada em 2001 no texto do Código Civil alemão (*Bürgerliches Gesetzbuch – BGB*), em seu artigo 313.

No nosso Código Civil de 2002, entretanto, não há essa previsão expressa, trazendo a questão se esta teoria teria sido recepcionada pela legislação civil brasileira ou não, considerando especialmente a previsão clara do artigo 6º, inciso V, do Código de Defesa do Consumidor[3].

Cabe esclarecer, desde já, que o presente trabalho estuda a teoria da base objetiva do negócio jurídico dentro do contexto do código civil, em contratos paritários. Não havendo a intenção de falar sobre as relações de consumo, que são tratadas por legislação específica.

Não obstante a falta de menção expressa, o Código Civil de 2002 é bastante inovador em diversos aspectos e requer uma leitura atenta e integral para sua correta compreensão. Tendo como base o princípio da solidariedade, que faz prevalecer os valores coletivos sobre os individuais, sem a perda, porém, do valor da pessoa humana; princípio da eticidade, o qual favorece a ética sobre rigorismos formais; e o princípio da operabilidade e concretude, que entendem o direito como algo a ser executado[4], o Código Civil traz em seu texto cláusulas que ao mesmo tempo limitam a autonomia privada pelo necessário respeito à probidade, à boa-fé objetiva e à função social do contrato, bem como permitem sua adaptação e flexibilidade para melhor adequação ao caso concreto.

Neste caso, o locatário já tinha pagado o valor de 25 libras, de um total de 75 libras para o locador. Enquanto o locador cobrava judicialmente o valor remanescente de 50 libras, o locatário, por sua vez, pedia a devolução das 25 libras pagas antecipadamente. O caso completo pode ser lido emhttps://web.archive.org/web/20070203064942/http://www3.uninsubria. it/uninsubria/allegati/pagine/1438/priv_comp2.pdf. Os *"coronation cases"* serão novamente tratados mais adiante, pois possuem grande influência na teoria formulada por Karl Larenz. Conforme afirmado pelo Min. Paulo de Tarso Sanseverino, esses casos ficaram famosos justamente através da doutrina alemã. (STJ. Resp. nº 1.321.614, Min. Rel. Paulo de Tarso Sanseverino. Decisão de 16/12/2014. Publicada no DJe em 30/03/2015. p. 9).

[3] CDC. Art. 6º São direitos básicos do consumidor: V – a modificação das cláusulas contratuais que estabeleçam prestações desproporcionais ou sua revisão em razão de fatos supervenientes que as tornem excessivamente onerosas. Disponível em: http://www.planalto.gov. br/ccivil_03/leis/L8078compilado.htm.

[4] REALE, Miguel. Visão Geral do Projeto de Código Civil. Disponível em: http://www.miguelreale.com.br/artigos/vgpcc.htm. Acesso em: 10/10/2019.

INTRODUÇÃO

Indícios dessa recepção pela nossa legislação aparecem, dessa forma, em diversos artigos, e podem ser observados de forma bastante clara nos artigos que tratam da interpretação contratual, ao privilegiar a intenção das partes e as condições da contratação, observando a boa-fé objetiva e os usos do lugar de sua celebração, mais do que o sentido literal da linguagem[5].

O Código Civil de 2002, portanto, celebra uma nova forma de pensar a hermenêutica contratual, privilegiando o chamado método da concreção na interpretação de contratos. O método da concreção é simplesmente o nome dado a essa interpretação que não considera apenas o contrato em si, mas tudo o que se encontra ao seu redor, conforme explica Judith Martins-Costa:

> A concreção é um método hermenêutico pelo qual as normas de deverser, consideradas como 'modelos de ordenamento materialmente determinados', são compreendidas 'em essencial coordenação com o caso concreto, que os complementa e lhes garante força enunciativa', assim se possibilitando a sua determinação ou especificação[6].

Os artigos que tratam da interpretação contratual, entretanto, quando observados isoladamente abordam apenas parte da questão[7], é a expressa previsão no texto da lei quanto da obrigatoriedade de observância da função social do contrato e da boa-fé objetiva que apresentam

---

[5] CC 2002 – Redação original. Art. 112. Nas declarações de vontade se atenderá mais à intenção nelas consubstanciada do que ao sentido literal da linguagem. Art. 113. Os negócios jurídicos devem ser interpretados conforme a boa-fé e os usos do lugar de sua celebração. Disponível em: http://www.planalto.gov.br/ccivil_03/leis/2002/L10406compilada. htm. Acesso em 06/06/2019. Após a apresentação deste trabalho, como será mais adiante demonstrado, foram feitas alterações substanciais em artigos que são caros para a tese apresentada, com a publicação da Lei nº 13.874, de 20 de Setembro de 2019. Disponível em: http://www.planalto.gov.br/ccivil_03/_ato2019-2022/2019/lei/L13874.htm. Acesso em 10/10/2019.

[6] MARTINS-COSTA, Judith. O método da concreção e a interpretação dos contratos: primeiras notas de uma leitura suscitada pelo Código Civil. In: Giovanni Ettore Nanni (Coord.). *Temas Relevantes do Direito Civil Contemporâneo: reflexões sobre os cinco anos do Código civil.* São Paulo: Atlas, 2008. pág. 486.

[7] Os artigos que tratam sobre interpretação contratual, especialmente o artigo 113, ganhou maior relevância nessa discussão com as alterações realizadas pela Lei nº 13.874/2019, conforme será mais adiante demonstrado.

elementos de execução para essa matéria, trazendo a nossa legislação para um ponto mais próximo da teoria estudada.

De fato, conforme afirmado anteriormente, o texto do Código Civil de 2002 deve ser considerado de forma completa e integral, sendo que esses elementos se complementam e devem ser lidos de forma associada para melhor compreensão do Código, sem pensar na prevalência de um sobre o outro, mas em todos conjuntamente.

A própria estrutura do nosso Código Civil, com uma parte geral e uma parte especial, demonstra como ele e seus dispositivos devem ser lidos e interpretados, sendo que as regras da parte geral se aplicam a toda parte especial, no que couber, sendo essa a base do código.

Nesse contexto, importa a adequada interpretação do polêmico artigo que trata da função social do contrato. Kleber Luiz Zanchim, em seu texto *O Contrato e seus valores*[8], expõe sua preocupação na compreensão da função social do contrato como uma forma de praticar justiça social e apresenta o pensamento de Emílio Betti, como inicial e inspirador da nossa legislação, assim como com um ponto de vista sobre a função social do contrato diferente e mais restrito que o proposto atualmente por parte da doutrina.

Emílio Betti, jurista italiano que ainda influencia bastante o direito brasileiro, tratava a função social do contrato como mais uma fonte de delineação da autonomia privada, porém sem anular a vontade individual das partes, desconsiderando-as para a realização de algo maior. Esse jurista compreende a vontade das partes e o processo de contratar como algo que em si é inerente à vida em sociedade, necessário para a circulação de riquezas e sobrevivência das pessoas, sendo esta a sua função social[9].

Com essa linha de pensamento o presente trabalho propõe demonstrar a existência de uma ligação entre a função social do contrato, especificamente com a antiga redação adotada pelo artigo 421 do Código

---

[8] ZANCHIM, Kleber Luiz. *O contrato e seus valores*. In: Antonio Jorge Pereira Júnior e Gilberto Haddad jabur. (Org.). Direito dos Contratos II. 1ed. São Paulo: Quartier Latin, 2008, v.1, p. 261.

[9] BETTI, Emilio. **Teoria Geral do Negócio Jurídico. I.** Coimbra: Coimbra Editora, 1969. p. 362-369.

INTRODUÇÃO

Civil[10-11], que representa o real espírito do Código Civil de 2002, e a teoria da base do negócio jurídico.

A discussão proposta pelo presente trabalho, é de se destacar, não é apenas acadêmica, tendo grande aplicação no dia a dia das pessoas que lidam com contratos, sendo que foi uma experiência pessoal de hipótese de frustração da finalidade do contrato que despertou o interesse e a necessidade de entender como aquela contratação poderia ser rediscutida, sob pena de prevalecer situação de grande injustiça[12].

Antes de buscar responder à questão apresentada, a corrente dissertação analisa a toda a evolução histórica da teoria da base objetiva do negócio jurídico na primeira parte do primeiro capítulo, para então chegar no conceito que temos atualmente, com as explicações apresentadas por Karl Larenz na obra que introduz sua teoria.

O segundo capítulo inicia voltando o olhar para o Código Civil de 2002, com as suas peculiaridades e novidades em relação ao Código de 1916, com foco nos pontos relevantes para o presente trabalho. A compreensão dessa questão passa pelo estudo das cláusulas gerais,

---

[10] CC 2002. Art. 421. A liberdade de contratar será exercida em razão e nos limites da função social do contrato. Disponível em: http://www.planalto.gov.br/ccivil_03/leis/2002/l10406.htm.

[11] Nova redação do Artigo 421, trazida pela Lei nº 13.874/2019. Art. 421 A liberdade será exercida nos limites da função social do contrato. Parágrafo único. Nas relações contratuais privadas, prevalecerão o princípio da intervenção mínima e a excepcionalidade da revisão contratual.
Art. 421-A Os contratos civis e empresariais presumem-se paritários e simétricos até a presença de elementos concretos que justifiquem o afastamento dessa presunção, ressalvados os regimes jurídicos previstos em leis especiais, garantido também que: I – as partes negociantes poderão estabelecer parâmetros objetivos para a interpretação das cláusulas negociais e de seus pressupostos de revisão ou de resolução; II – a alocação de riscos definida pelas partes deve ser respeitada e observada; e III – a revisão contratual somente ocorrerá de maneira excepcional e limitada.

[12] De fato, a discussão travada fora do contexto acadêmico culminou no processo cível nº 1035511-43.2017.8.26.0100. Este, ao final, foi decidido como perda do objeto, mas na realidade tratava-se de frustração do fim. Cabe destacar, entretanto, um importante aspecto sobre interpretação contratual que foi considerado tanto pelo juízo de primeiro grau quanto pelo Tribunal de Justiça do Estado de São Paulo, apesar do contrato conter expressamente duração de 3 (três) anos, pelo contexto dos fatos foi possível entender que aquela duração estava relacionada com a finalidade contratual que teria sido frustrada. A análise do judiciário foi perfeita ao considerar todo o contexto dos fatos e da negociação na sua decisão final.

TEORIA DA BASE OBJETIVA DO NEGÓCIO JURÍDICO

com conceitos abertos e indeterminados, e dos princípios que regem o Código Civil de 2002, sendo que os principais aspectos dessa norma são a funcionalidade, a socialidade e a concretude.

Ainda na primeira parte deste capítulo, igualmente, é traçada a relação entre a nossa cultura jurídica e o direito alemão, que possui grande influência no direito brasileiro, o que pode ser observado já pela estrutura Código Civil Brasileiro que segue o chamado modelo alemão.

Como será demonstrado, fato é que o direito brasileiro sofreu e ainda sofre[13] grande influência estrangeira desde o início da nossa história. Sobre essa forte influência da doutrina e jurisprudência de outros países no nosso direito é belíssima a metáfora que Pontes de Miranda utiliza para explicar o direito brasileiro, a qual é citada no texto de Otávio Luiz Rodrigues Jr.:

> O Direito brasileiro não se pode estudar desde suas sementes, na medida em que "nasceu do galho de planta que o colonizador português – gente de rija têmpera, no ativo século XVI e naquele cansado século XVII em que se completa o descobrimento da América – trouxe e enxertou no novo continente[14].

A segunda parte do capítulo segundo analisa a função social do contrato. A função social do contrato é, até os dias atuais, quase 20 anos após o início da vigência do código civil, um dos pontos mais controversos da lei, com os mais distintos entendimentos sobre a sua aplicação[15][16].

---

[13] Hoje por motivos talvez diferentes que no nosso passado como colônia Portuguesa, fato é que com uma economia globalizada a legislação dos países tende a ficar cada vez mais similares e padronizadas, vide a nova Lei Geral de Proteção de Dados Pessoais – LGPD, Lei nº 13.709/2018 e a General Data Protection Regulation (EU) 2016/679.

[14] PONTES DE MIRANDA, Francisco Cavalcanti. **Fontes e evolução do Direito Civil brasileiro.** Rio de Janeiro: Forense, 1981m p. 27. **Apud** RODRIGUES JR., Otavio Luiz. **A influência do BGB e da doutrina alemã no Direito Civil brasileiro do século XX.** Disponível em: http://www.direitocontemporaneo.com/wp-content/uploads/2014/01/RODRIGUESJR-A--influencia-do-BGB-e-da-doutrina-no-Direito-Civil-brasileiro-do-seculo-XX-O-Direito.pdf. Acesso em: 07/06/2019. p. 46.

[15] Um dos principais pontos de discordância está na questão da eficácia da função social do contrato. Sobre essa questão, há aqueles que entendem que o princípio da função social possui apenas eficácia interna, outros entendem que se trata apenas de eficácia externa, há os que concluem pela dupla eficácia e, por fim, há ainda aqueles que entendem que não possui qualquer eficácia. O professor Flávio Tartuce, em sua obra sobre a Teoria Geral dos Contra-

INTRODUÇÃO

Entretanto, é a sua correta interpretação, ou o que seria sua correta interpretação, que demonstra como essa é a principal entrada para a teoria da base objetiva do negócio jurídico no direito brasileiro.

Para encontrar um entendimento que respeite todos os aspectos que são abrangidos pelo artigo 421 do Código Civil[17], o trabalho recorre primeiro à origem histórica da função social do contrato, para então chegar no pensamento de Emílio Betti, que influenciou Miguel Reale e, portanto, a forma como devemos interpretar esse tão incompreendido artigo, sendo este o autor da redação original do artigo 421 e coordenador dos trabalhos que levaram ao Código Civil de 2002 como nós temos hoje.

Considerando a nova Lei nº 13.874/2019, que modificou a redação do artigo 421, foi necessário inserir notas adicionais e um item inédito ao trabalho original, comentando referida alteração.

O terceiro capítulo abrange e estuda de forma mais aprofundada os demais institutos que fundamentam a recepção da teoria da base do negócio jurídico pela legislação cível brasileira, tratando das ferramentas de interpretação contratual trazidas pelo Código Civil de 2002, e da importante função que a boa-fé objetiva exerce em diversos aspectos do código e dentro da matéria que rege os contratos em geral.

Por fim, no quarto e último capítulo, é realizada uma breve análise da jurisprudência do Superior Tribunal de Justiça (STJ) e dos Tribunais de Justiça estaduais, com especial ênfase no Tribunal de Justiça do Estado de São Paulo (TJSP), Tribunal de Justiça do Rio Grande do Sul (TJRS) e o Tribunal de Justiça do Rio de Janeiro (TJRJ), sendo que em São Paulo foram pesquisadas especialmente as câmaras especializadas em direito empresarial, e em todos buscando sempre observar as relações empresariais e cíveis, para observar como essa questão é tratada nesses tribunais.

---

tos, lista os principais nomes defensores de cada uma dessas correntes, sendo que todas as correntes possuem renomados doutrinadores em sua defesa. TARTUCE, Flávio. Direito Civil 3: teoria geral dos contratos e contratos em espécie. 8ª ed. Rio de Janeiro: Forense – São Paulo: Método, 2013. p. 70-71.

[16] Talvez justamente pela falta de compreensão do seu correto significado que foram aceitas as recentes alterações ao artigo 421, ao invés de esclarecê-lo, contudo, amputa-o privando-o de sua alma e beleza iniciais, ao retirar do texto parte essencial para sua correta interpretação, como será melhor abordado mais adiante.

[17] CC 2002. Art. 421. A liberdade de contratar será exercida em razão e nos limites da função social do contrato. Redação anterior à alteração trazida pela Lei nº 13.874/2019. Disponível em: http://www.planalto.gov.br/ccivil_03/leis/2002/l10406.htm.

TEORIA DA BASE OBJETIVA DO NEGÓCIO JURÍDICO

A escolha pelas câmaras especializadas em direito empresarial foi feita justamente para buscar relações paritárias. Apesar de ainda muito pouco chegar ao STJ sobre essa matéria, os julgamentos encontrados no TJSP são bastante animadores, pois conseguem compreender e aplicar a teoria de Larenz nas relações empresariais e cíveis, demonstrando sua aceitação também nessa área do direito.

Nos demais tribunais pesquisados, contudo, são mais escassos os julgados que tratam sobre a teoria da base objetiva do negócio jurídico, com aplicação especialmente no âmbito do direito do consumidor.

1. Teoria da Base Objetiva do Negócio

1.1. Evolução histórica

A teoria da base objetiva do negócio jurídico é uma evolução da forma de se entender e aplicar o princípio *rebus sic stantibus* que significa "mesmo estado das coisas" ou a "subsistência das cláusulas"[18] e, em sua aplicação no direito, manifesta que o contrato apenas será cumprido se as condições existentes à data de sua conclusão permanecerem inalteradas.

A cláusula ou o princípio do *rebus sic stantibus* tem sua origem no direito romano mais precisamente no Código de Justiniano, onde se observa a seguinte frase *contractus qui habent tractum sucessivum et dependentiam de futuro, rebus sic stantibus intelliguntur,* que, em síntese, determina que os contratos de trato sucessivo e dependentes do futuro, estão condicionados à manutenção do estado das coisas no momento de sua conclusão (Neratus). Apesar de ser fruto de uma preocupação dos filósofos romanos com eventos futuros e imprevisíveis, não há registros de aplicação desse princípio durante o período romanístico[19].

---

[18] Silva, De Plácido e. **Vocabulário Jurídico.** Atualizadores: Nagib Slaibi Filho e Gláucia Carvalho. 27ª ed. Rio de Janeiro: Forense, 2006. p. 1.157.

[19] Oliveira, Daniele de Lima de. **Breves notas sobre a evolução histórica da teoria da imprevisão e da quebra da base objetiva.** Revista de Direito Privado, vol 37/2009, p. 41-69, Jan-Mar/2009 DTR\2009\102. Disponível em: http://revistadostribunais.com.br/maf/app/widgetshomepage/resultList/document?&src=rl&srguid=i0ad6adc60000015c515040c857 6ad84b&docguid=I60a1fb80f25311dfab6f010000000000&hitguid=I60a1fb80f25311dfab6f 010000000000&spos=13&epos=13&td=63&context=100&crumb-action=append&crumb--label=Documento&isDocFG=false&isFromMultiSumm=true&startChunk=1&endCh

TEORIA DA BASE OBJETIVA DO NEGÓCIO JURÍDICO

Foi apenas no período dos glosadores, com o início do fenônemo que ficou conhecido como "recepção do direito romano"[20], que estudiosos voltaram a se debruçar sobre a cláusula *rebus sic stantibus*. Dentre eles destacam-se os trabalhos de Acúrsio (1185-1263?) e Bártolo de Saxoferrato (1314-1357), este já conhecido como um pós-glosador. Acúrsio, em um de seus comentários, afirma que a eficácia de certas disposições de vontade está condicionada à manutenção das coisas como estavam no momento de tais disposições (em latim, *rebus sic habentibus*)[21].

No início do século XVIII novamente o princípio do *rebus sic stantibus* começa a cair no esquecimento, especialmente com a revolução francesa e o surgimento do Código de Napoleão, o princípio *rebus sic stantibus* passa a ser visto como um risco para a segurança jurídica das transações. O Código de Napoleão fortalece o princípio do *pacta sunt servanda* não deixando qualquer espaço para a revisão contratual[22] [23].

Algumas décadas mais tarde, contudo, a doutrina alemã volta a tratar de hipóteses de revisão contratual com fundamento nas alterações

unk=1 Acesso em 28/05/2017. (Paginação da versão eletrônica difere da versão impressa). p. 3-4. Segundo esta autora, a não aplicação desse princípio durante o período romanístico é uma demonstração das características formalista, individualista e absolutista do direito romano.

[20] Digo "apenas" no período dos glosadores pois, como ensina Ivan Jacopetti do Lago, em seu *texto "A contribuição da filosofia de São Tomás de Aquino à compreensão do Contrato de Compra e Venda"*, p. 2-3, a escola dos glosadores tem início no século XI com o fenômeno da "recepção do direito romano". Considerando que a queda do império romano aconteceu no ano de 476, passaram-se aproximadamente 700 anos antes que o direito voltasse a ser tratado e estudado como uma ciência.

[21] MORAES, Renato José de. **Alteração das circunstâncias negociais**. In. PEREIRA JÚNIOR, Antonio Jorge; JABUR, Gilberto Haddad (Coord.). **Direito dos contratos**. São Paulo: Quartier Latin do Brasil, 2006. p. 136.

[22] Conforme ensina Daniele de Lima Oliveira (OLIVEIRA, op. cit., p. 3), o Código Napoleônico deixou expresso em seu artigo 1.134: "Les conventions légalement formées tiennent lieu de loi à ceux que lês ont faites. Elles ne peuvent être révoquées que de leur consentment mutuel, ou par les causes que la loi autorise. Elles doivent être exécutées de bonne foi", que em tradução livre feita pela própria autora, significa "Os acordos legalmente realizados formam lei para aqueles que os fizeram. Eles podem ser revogados apenas por consentimento mútuo ou pelas causas autorizadas por lei. Eles devem ser realizados de boa fé".

[23] Segundo a lição Renato José de Moraes (MORAES, op. cit., p. 137) a ausência do princípio do *rebus sic stantibus* no código de Napoleão, dentre outros motivos, decorre da não menção a esse princípio nas obras dos juristas franceses Domat (1625-1692) e Pothier (1699-1772), que serviram de base para o texto do Código Civil Francês.

TEORIA DA BASE OBJETIVA DO NEGÓCIO

das circunstâncias e a delinear o que hoje conhecemos como a teoria da base objetiva do negócio jurídico.

Bernhard Windscheid é o autor que dá início ao renascimento das teorias revisionistas, com a sua Teoria da Pressuposição. Segundo a teoria de Windscheid, aquele que realiza um negócio jurídico com base em determinadas pressuposições, quer que tais pressuposições sejam mantidas para que o negócio jurídico gere os efeitos desejados. Se, por qualquer motivo, o que foi pressuposto sofrer alterações, então a parte prejudicada poderia pedir a revisão do contrato, uma vez que este deixará de corresponder à sua vontade real[24]. Conforme explica seu conterrâneo Karl Larenz, a pressuposição seria *"una condición no desenvuelta y, al igual que la condición típica, una autolimitación de la voluntad, no de la voluntad efectiva, consciente, sino de la voluntad verdadera"*[25].

Na forma do explicitado por Renato José de Moraes, com sua teoria Bernhard Windscheid pensou ter encontrado um meio termo entre condição e motivo, uma vez que a pressuposição nem sempre seria relevante sob o aspecto jurídico, como o é a condição, *"mas produziria efeitos se a parte fundamentasse nela seu pedido de revisão ou resolução do negócio"*[26].

A Teoria da Pressuposição, de Bernhard Windscheid teve grande repercussão na sua época e chegou, inclusive, muito perto de ser prevista expressamente no Código Civil Alemão, constando no artigo 742 do Projeto do Código[27]. Porém, juntamente com toda a atenção, vieram também inúmeras críticas que acabaram por afastar por completo sua aplicação. Dentre seus principais opositores estão Pugliesi, Osti e Lenel,

---

[24] MORAES, Renato José de. **Alteração das circunstâncias negociais.** In. PEREIRA JÚNIOR, Antonio Jorge; JABUR, Gilberto Haddad (Coord.). **Direito dos contratos.** São Paulo: Quartier Latin do Brasil, 2006. p.137.

[25] LARENZ, Karl. **Base del negocio jurídico y cumplimiento del contrato.** Granada: Editorial Comares, 2002. p. 18.

[26] MORAES, op. cit., p. 137.

[27] SIDOU, J. M. Othon, em sua obra **A revisão judicial dos contratos e outras figuras jurídicas: a cláusula rebus sic stantibus; dos efeitos da fiança; empresa individual de responsabilidade limitada,** da Editora Forense, 1978, traz o texto do § 742: "Aquele que se obrigou a uma prestação sob a pressuposição expressa ou tacitamente declarada, de acontecimento futuro ou de determinado efeito jurídico, pode, se a pressuposição não se realizou, obter do parceiro a devolução daquilo que prestou." (p. 38).

TEORIA DA BASE OBJETIVA DO NEGÓCIO JURÍDICO

sendo este o principal opositor de Windscheid uma vez que também seu conterrâneo[28].

Foram justamente as críticas de Lenel que fizeram com que a teoria de Windscheid ficasse fora do Código Civil Alemão, para Lenel, não há qualquer diferença entre motivo (que é irrelevante para o direito) e a pressuposição, e acaba por concluir que ou a pressuposição deve ser considerada no contrato como uma condição, ou simplesmente não deve ser considerada[29].

Como se pode observar a teoria da pressuposição acaba sendo mais ampla que a teoria da cláusula *rebus sic stantibus*[30], e ao contrário desta, que tem por fundamento as condições externas do contrato, o estado de coisas, a Teoria da Pressuposição considera a vontade das partes[31]. Essa ampliação e falta de definição clara nos leva para a crítica de Osti, que apresenta sua apreensão de como a falta de limites definidos pelo jurista dá um espaço excessivamente amplo para a avaliação do juiz[32].

Apesar de todas as críticas, a instabilidade econômica e social trazidas pela Primeira Guerra Mundial abriram espaço para uma nova discussão e readequação sobre a teoria da pressuposição[33]. Neste cenário aparece a obra de Paul Oertmann, de 1921, onde, com o objetivo de contornar os problemas apresentados por Lenel, se esforça para distinguir

---

[28] SIDOU, J. M. Othon. **A revisão judicial dos contratos e outras figuras jurídicas: a cláusula rebus sic stantibus; dos efeitos da fiança; empresa individual de responsabilidade limitada.** Rio de Janeiro: Forense, 1978. p. 38.

[29] LARENZ, Karl. **Base del negocio juridico y cumplimiento del contrato.** Granada: Editorial Comares, 2002. p. 18-19.

[30] SIDOU, op. cit., p. 39.

[31] MORAES, Renato José de. **Alteração das circunstâncias negociais.** In. PEREIRA JÚNIOR, Antonio Jorge; JABUR, Gilberto Haddad (Coord.). **Direito dos contratos.** São Paulo: Quartier Latin do Brasil, 2006. p. 138.

[32] SIDOU, J. M. Othon. **A revisão judicial dos contratos e outras figuras jurídicas: a cláusula rebus sic stantibus; dos efeitos da fiança; empresa individual de responsabilidade limitada.** Rio de Janeiro: Forense, 1978. p. 39.

[33] Antônio Junqueira de Azevedo fala sobre uma "maldição" lançada por Windscheid pouco antes de morrer, seguro que sua teoria ainda seria novamente considerada, como de fato o foi como origem da teoria aqui estudada: "é minha firme convicção que a pressuposição tacitamente declarada, o que quer que se possa objetar, se fará sempre valer. Expulsa pela porta, voltará pela janela". (V. Windscheid (§97) apud AZEVEDO, Antônio Junqueira de. **Negócio jurídico e Declaração Negocial: Noções gerais e formação da declaração negocial.** São Paulo: Universidade de São Paulo, 1986.

TEORIA DA BASE OBJETIVA DO NEGÓCIO

a pressuposição do simples motivo e cria a Teoria da Base do Negócio Jurídico[34].

Segundo Oertmann, para que a pressuposição tivesse alguma validade ela deveria ser bilateral, ou seja, deveria ser do conhecimento de ambas as partes. Essa pressuposição conhecida pelas partes e não expressamente refutada por nenhuma delas, formaria a base do negócio jurídico tornando-se, portanto, um elemento do próprio negócio[35]. Em suas próprias palavras, conforme reproduzido na obra de Karl Larenz, entende-se por Teoria da Base do Negócio:

> *La representación mental de una de las partes en el momento de la conclusión del negócio jurídico, conocida en su totalidad y no rechazada por la otra parte, o la común representación de las diversas partes sobre la existencia o aparición de ciertas circunstancias, en las que se basa la voluntad negocial*[36].

A teoria de Oertmann foi, inicialmente, muito bem aceita pela doutrina e jurisprudência Alemãs que, especialmente em razão das situações decorrentes da primeira guerra mundial, foram impelidas a colocar a teoria da base do negócio em prática. Ocorre que, na prática, dois problemas foram evidenciados: 1. Por um lado a teoria de Oertmann mostrou-se muito ampla, pois não definia claramente os riscos normais de cada parte diante do contrato, e 2. Por outro lado, essa teoria era muito restrita, pois limitava-se ao manifestado expressamente pelas partes e não ao objetivamente necessário à efetiva consecução do contrato[37].

---

[34] LARENZ, Karl. **Base del negocio juridico y cumplimiento del contrato.** Granada: Editorial Comares, 2002. p. 19; MORAES, Renato José de. **Alteração das circunstâncias negociais.** In. PEREIRA JÚNIOR, Antonio Jorge; JABUR, Gilberto Haddad (Coord.). **Direito dos contratos.** São Paulo: Quartier Latin do Brasil, 2006. p. 138; SIDOU, J. M. Othon. **A revisão judicial dos contratos e outras figuras jurídicas: a cláusula rebus sic stantibus; dos efeitos da fiança; empresa individual de responsabilidade limitada.** Rio de Janeiro: Forense, 1978. p. 41-42.

[35] SIDOU, J. M. Othon. **A revisão judicial dos contratos e outras figuras jurídicas: a cláusula rebus sic stantibus; dos efeitos da fiança; empresa individual de responsabilidade limitada.** Rio de Janeiro: Forense, 1978. p. 39.

[36] LARENZ, Karl. **Base del negocio juridico y cumplimiento del contrato.** Granada: Editorial Comares, 2002. p. 20.

[37] LARENZ, Karl. **Base del negocio juridico y cumplimiento del contrato.** Granada: Editorial Comares, 2002. p. 17.

TEORIA DA BASE OBJETIVA DO NEGÓCIO JURÍDICO

Karl Larenz, preocupado com o futuro da aplicação da teoria de Oertman, considerando a dificuldade dos tribunais alemães na sua aplicação e a grande quantidade de decisões com resultados opostos proferidas com base em uma mesma teoria[38], propõe então um refinamento à teoria da base do negócio afirmando que a expressão "base do negócio" poderia ser compreendida em dois sentidos: base subjetiva e base objetiva, cada qual com suas particularidades, preceitos distintos e, consequentemente, com resultados práticos bastante diversos, devendo, portanto, ser considerados de forma independente[39].

Karl Larenz não desconsidera a base subjetiva do contrato, ele apenas a limita, de forma clara, àquelas situações nas quais ambas as partes possuem uma certa esperança de que uma situação é considerada como existente ou aguardada para o futuro. A expectativa, como dito, deve ser de ambas as partes e não apenas de uma delas. Karl Larenz afirma que, em todos os casos de quebra da base subjetiva, há um recíproco erro nos motivos das partes[40].

Se, contudo, Larenz limita o que pode ser considerado como base subjetiva, ele reconhece que o contrato tem também uma base que pode ser verificada de forma objetiva e intrínseca ao próprio contrato, sendo que sua quebra também deve ser respaldada pelo ordenamento jurídico, de modo a não gerar situações de injustiça.

Em sua investigação sobre a base objetiva do negócio jurídico, Karl Larenz observa as soluções apresentadas no direito comparado, examinando julgados e doutrina do Direito Suíço, Austríaco, Francês e do Direito Inglês, sendo possível observar sua admiração e especial inspiração no Direito Inglês, apesar deste ser baseado no *case law*, muito diferente do direito alemão[41]. Ocorre que nos demais países analisados, considerando a existência de um direito civil codificado, muitas vezes a solução alcançada era exterior ao contrato, sendo este o caminho muitas vezes percorrido pela jurisprudência alemã que acabou por buscar na equidade a resposta para casos que lhe eram apresentados[42].

[38] Idem, Ibidem. p. 5-17.
[39] Idem, Ibidem. p. 34-35.
[40] LARENZ, Karl. Ob. cit. p. 88-89.
[41] LARENZ, Karl. **Base del negocio juridico y cumplimiento del contrato**. Granada: Editorial Comares, 2002. p. 98-121.
[42] LARENZ, Karl. Ob. cit. p. 91-95.

TEORIA DA BASE OBJETIVA DO NEGÓCIO

Os tribunais ingleses, por outro lado, na falta de normas objetivas que os guiassem, foram levados buscar dentro do próprio contrato a solução para as questões que chegavam para a sua apreciação, aplicando uma interpretação que considerava o contrato em sua integridade, que levou à criação da teoria da *implied condition*[43].

A teoria da *implied condition* considera a existência de uma suposição inerente ao contrato sem a qual, ainda que não expressamente exteriorizada, as partes não teriam celebrado o contrato. Essa suposição, contudo, não possui qualquer relação com uma vontade psicológica das partes, mas é verificável observando o contrato de forma objetiva[44].

Nessa linha, é curioso notar que, quando se pensa nas origens da teoria da base objetiva do negócio jurídico, não se pensa nos tribunais alemães, mas sim nos famosos *"coronation cases"* britânicos, sendo o caso *Krell v. Henry* conhecido como sendo *leading case*[45].

Neste conhecido caso, o demandante Paul Krell teria alugado seu apartamento a Henry, com o propósito específico de ver o desfile de coroação de Eduardo VII, que passaria em frente ao seu apartamento. Contudo, em razão de doença do Rei, o desfile não aconteceu. Paul Krell cobrava a diferença do valor ainda não pago, enquanto Henry solicitava a devolução do valor pago antecipadamente. O tribunal entende que a lei Inglesa aplica o princípio expressado no caso *Taylor v. Caldwell*[46], não apenas nos casos onde o adimplemento do contrato se torna impossível,

[43] LARENZ, Karl. **Base del negocio juridico y cumplimiento del contrato**. Granada: Editorial Comares, 2002. p. 109-110.

[44] LARENZ, Karl. **Base del negocio juridico y cumplimiento del contrato**. Granada: Editorial Comares, 2002. p. 110.

[45] LARENZ, Karl. Ob. cit. p. 117-118. A decisão completa também está disponível em: https://web.archive.org/web/20070203064942/http://www3.uninsubria.it/uninsubria/allegati/pagine/1438/priv_comp2.pdf. Acesso em: 10/06/2019.

[46] O nome do princípio romano utilizado não é expressado, mas é possível entender que diz sobre o princípio do *rebus sic stantibus, ao explica-lo da seguinte forma: "where, from the nature of the contract, it appears that the parties must from the beginning have known that it could not be fulfilled unless, when the time for the fulfilment of the contract arrived, some particular specified thing continued to exist, so that when entering into the contract they must have contemplated such continued existence as the foundation of what was to be done; there, in the absence of any express or implied warranty that the thing shall exist, the contract is not to be considered a positive contract, but as subject to an implied condition that the parties shall be excused in case, before breach, performance becomes impossible from the perishing of the thing without default of the contractor".* (Decisão completa

TEORIA DA BASE OBJETIVA DO NEGÓCIO JURÍDICO

mas também quando se destrói uma substância essencial para a performance do contrato. Deve-se perguntar qual o fundamento do contrato e, para chegar a essa resposta, não devem ser observadas apenas as palavras do contrato, mas em todas as circunstâncias que o cercam, o tribunal inglês fala em *foundation of the contract*, a qual deve ser verificada caso a caso[47-48].

A teoria da base objetiva do negócio jurídico, apesar de receber críticas por parte da doutrina alemã, foi aceita pela legislação da Alemanha em suas duas concepções, subjetiva e objetiva, e está hoje prevista no artigo 313 do Código Civil Alemão[49], em razão das reformas ocorridas em 2001[50].

disponível em: https://web.archive.org/web/20070203064942/http://www3.uninsubria.it/uninsubria/allegati/pagine/1438/priv_comp2.pdf. Acesso em: 10/06/2019. p. 7)

[47] "Each case must be judged by its own circumstances. In each case one must ask oneself, first, what, having regard to all the circumstances, was the foundation of the contract? Secondly, was the performance of the contract prevented? Thirdly, was the event which prevented the performance of the contract of such a character that it cannot reasonably be said to have been in the contemplation of the parties at the date of the contract? If all these questions are answered in the affirmative (as I think they should be in this case), I think both parties are discharged from further performance of the contract. I think that the coronation procession was the foundation of this contract, and that the non-happening of it prevented the performance of the contract". (Decisão completa disponível em: https://web.archive.org/web/20070203064942/http://www3.uninsubria.it/uninsubria/allegati/pagine/1438/priv_comp2.pdf. Acesso em: 10/06/2019. p. 9)

[48] Essa verificação caso a caso deve ser realizada pois, em algumas situações, apesar de parecerem similares, o fundamento do contrato é diferente. Outro caso julgado nesse mesmo contexto dos Coronation Cases é o caso Herne Bay Co. v. Hulton, citado por Karl Larenz, neste, também por motivos da coroação, um barco foi alugado com o objetivo de ver o desfile, entretanto, ao contrário do apartamento, que não costumava ser alugado, o barco era alugado com frequência, para os mais determinados fins, sendo esta a atividade do dono do barco. Nessa hipótese, o tribunal julgou diferente, afirmando que a coroação não fazia parte da base do contrato, sendo devido o valor integral ao dono do barco, que o poderia ter alugado para outra finalidade, como normalmente fazia. Essa decisão demonstra como a teoria da base objetiva do negócio jurídico está alinhada com o a concretude buscada por Miguel Reale para o nosso Código Civil. (LARENZ, Karl. **Base del negocio jurídico y cumplimiento del contrato**. Granada: Editorial Comares, 2002. p. 118).

[49] Section 313 – Interference with the basis of the transaction. (1) If circumstances which became the basis of a contract have significantly changed since the contract was entered into and if the parties would not have entered into the contract or would have entered into it with different contents if they had foreseen this change, adaptation of the contract may be demanded to the extent that, taking account of all the circumstances of

1.2. Conceito

Recapitulando o acima esclarecido, para Karl Larenz, a base subjetiva do negócio jurídico consiste na comum representação mental dos contratantes no momento da contratação, tratando-se de um erro nos motivos comum aos contratantes[51].

Tendo em vista o erro mútuo dos contratantes, Karl Larenz explica que quando se fala em teoria da base subjetiva, não se fala em quebra da base do negócio jurídico, esta aplicada à teoria objetiva, mas sim à falta de base do negócio jurídico, as hipóteses apresentadas por Karl Larenz tratam de erro sobre a base de cálculo, erro na expectativa de um acontecimento, equivocada expectativa de manutenção de certa circunstância, mas todos erros comuns e determinantes de ambas as partes

---

the specific case, in particular the contractual or statutory distribution of risk, one of the parties cannot reasonably be expected to uphold the contract without alteration. (2) It is equivalent to a change of circumstances if material conceptions that have become the basis of the contract are found to be incorrect. (3) If adaptation of the contract is not possible or one party cannot reasonably be expected to accept it, the disadvantaged party may revoke the contract. In the case of continuing obligations, the right to terminate takes the place of the right to revoke. Art. 313 do BGB, disponível em inglês em: https://www.gesetze-im-internet.de/englisch_bgb/englisch_bgb.html#p0027 Acesso em: 05/04/2019.

[50] Conforme artigo de Carl Friedrich Nordmeier, a lei foi publicada no Bundesgesetzblatt (Diário Oficial da União) em 26 de novembro de 2001 e entrou em vigor em 01 de janeiro de 2001. Cabe aqui observar que a inclusão da figura da quebra da base do negócio, conforme apontado no texto de Carl Nordmeier, não era consenso, argumentou-se que "tinha se desenvolvido "caso a caso" e tinha se tomado uma figura que, pelo menos na jurisprudência, ainda não mostrara uma coerência suficiente para a codificação". (NORDMEIER, Carl Friedrich. **O novo direito das obrigações no Código Civil Alemão – A reforma de 2002.** In: Digitalização de revista impressa Cadernos do Programa de Pós-Graduação em Direito, Número 1, Março de 2004. Publicação da Edição digitalizada em 30 de Junho de 2014. Disponível em: http://www.seer.ufrgs.br/ppgdir/article/download/43502/27380. Acesso em: 06/06/2019)

[51] Larenz ensina que à época da criação de sua teoria, o erro nos motivos era reconhecido pelo código civil alemão apenas em relação a uma das partes sendo que, exceto se decorrente de conduta dolosa, não deveria afetar a eficácia do negócio jurídico, cabendo àquele que se enganou arcar com as consequências de seu erro. Como crítica a essa previsão Larenz ressalta que a teoria da base subjetiva do negócio jurídico resulta de erro mútuo dos contratantes e, portanto, requer consequência diferente da prevista no Código Civil Alemão. LARENZ, Karl. Ob. cit. p. 37-38.

TEORIA DA BASE OBJETIVA DO NEGÓCIO JURÍDICO

contratantes[52]. É o caso do disposto no parágrafo segundo do artigo 313 do atual Código Civil Alemão[53].

Já a base objetiva, por sua vez, é determinada pelo conjunto de circunstâncias cuja existência ou a manutenção é essencial para o contrato, independentemente da consciência dos contratantes, sendo que sem essas circunstâncias, o contrato deixaria de ter sentido, fim ou objeto. Dessa forma, a base objetiva do contrato leva em consideração a possibilidade de realização da finalidade do contrato e a intenção conjunta das partes contratantes, sendo que o abalo na base objetiva deve ser enfrentado dentro da teoria da impossibilidade[54].

Em síntese, Karl Larenz ensina que são dois os principais casos de destruição da base objetiva: 1. completa destruição da situação de equivalência, de tal modo que não se possa falar de uma contraprestação, e 2. impossibilidade posterior e definitiva de alcançar o fim expressamente esperado pelas partes do contrato, ainda que a prestação do devedor seja possível. Em sua teoria o jurista ressalva as seguintes situações que não podem ser levadas em conta nessa avaliação: a) se as alterações forem pessoais ou estiverem na esfera de influência da parte prejudicada; b) se o ocorrido se passou quando a parte devedora já estava em mora; e c) considerando sua previsibilidade, pode ser considerada um risco assumido[55]. Cabe ressaltar que, não obstante a forte influência das situações que a guerra trouxe para o direito, como acima salientado, Karl Larenz tem forte influência do direito inglês, sendo que situações mais amenas como os famosos "coronation cases" que trata de assunto mais cotidiano, também tem a aplicação da teoria da base do negócio jurídico[56], dessa forma, apesar da previsibilidade ser um fator a ser considerado para a aplicação da teoria da base objetiva, esta possui um caráter secundário e não tão rigoroso como a imprevisibilidade exigida hoje

---

[52] LARENZ, Karl. Ob. cit. p. 88-89.

[53] Section 313. (2) It is equivalent to a change of circumstances if material conceptions that have become the basis of the contract are found to be incorrect. BGB disponível em inglês em: https://www.gesetze-im-internet.de/englisch_bgb/englisch_bgb.html#p0027 Acesso em: 05/04/2019.

[54] LARENZ, Karl. Ob. cit. p. 34-35.

[55] LARENZ, Karl. Ob. cit. p. 35 e 211-212.

[56] LARENZ, Karl. Ob. cit. p. 117-118.

TEORIA DA BASE OBJETIVA DO NEGÓCIO

pela jurisprudência brasileira, apesar de ser sim considerada, diferentemente do afirmado por muitos juristas[57].

Dessa forma, vemos que a possível destruição da base objetiva do negócio jurídico pode ter duas faces distintas, as quais importa destrinchar um pouco melhor, pois poderão ter diferentes consequências.

A primeira situação apresentada por Larenz é a completa destruição da situação de equivalência, de modo a ruir a relação de bilateralidade do contrato, não podendo mais falar-se em contraprestação, sendo que a relação entre prestação e contraprestação consiste na própria essência e natureza do contrato bilateral, a destruição dessa relação tem como resultado a perda do sentido, podendo-se afirmar que a base do contrato desapareceu[58].

É interessante notar a forma como Larenz apresenta essa hipótese, pois o autor é bastante rigoroso quanto à sua aplicação, com a explícita intenção de manter a segurança jurídica das relações contratuais e os interesses do tráfego comercial. Nesse sentido, duas são as principais críticas às decisões do Supremo Tribunal Alemão quando tratou de questões de quebra de equivalência: 1) decidir e resolver casos com base na equidade, ao invés de buscar encontrar e retomar a relação inicial[59]; e, 2) tratar de quebra de equivalência quando, na realidade, se está diante de situações de erro de cálculo por parte do vendedor, situação que aborda quando fala em erro na formação do preço pelo vendedor[60], e erro no modo de cálculo e previsão quanto a alterações no câmbio e problemas de alteração de preços decorrentes do risco normal do negócio[61].

Karl Larenz reconhece que haverá situações que deverão ser analisadas casuisticamente, porém apresenta em sua conclusão dois aspectos que entende serem objetivos e que devem ser observados: 1) possibilidade de adequação do preço quando sua composição foi claramente

---

[57] Rosa Nery e Nelson Nery, por exemplo, descartam completamente o elemento imprevisão da teoria da base objetiva. (NERY, Rosa Maria Andrade; NERY JÚNIOR, Nelson. **Instituições de direito civil: direito das obrigações, Vol. II.** São Paulo: Editora Revista dos Tribunais, 2015. P. 107).

[58] LARENZ, Karl. Ob. cit. p. 122.

[59] LARENZ, Karl. Ob. cit. p. 125. A crítica quanto a decidir pela equidade acontece, na realidade, em diversos momentos da obra, podendo ser observada, novamente, dentre outras passagens, na página 134.

[60] LARENZ, Karl. Ob. cit. p. 129.

[61] LARENZ, Karl. Ob. cit. p. 133-135.

TEORIA DA BASE OBJETIVA DO NEGÓCIO JURÍDICO

fixada na mesma medida dos custos, e este é temporalmente ilimitado, sem possibilidade de resolução[62]; 2) para os casos temporalmente limitados, a relação de equivalência é destruída apenas quando *"el desequilíbrio de las prestaciones sea tan grande que no pueda hablarse de una "contraprestación", de un "equivalente"*[63], isso pode ser observado quando os gastos realizados para atender a um contrato são tão elevados que superam a retribuição total esperada, não existindo mais uma situação de contraprestação.

Cabe ressaltar que Karl Larenz não trata da equivalência inicial estabelecida entre as partes dentro da teoria da base objetiva do negócio jurídico, se a questão decorre que um erro comum das partes, então se está diante da teoria da base subjetiva. Ademais disso, este autor também não entra no mérito de como as partes valoraram suas prestações, em momento algum em sua obra Karl Larenz trata dessa matéria como uma forma de fazer justiça social, por exemplo. Ao contrário, esta é uma crítica que Larenz faz aos tribunais alemães, afirmando que essa seria uma análise subjetiva, sendo que a escala de valoração de cada pessoa é distinta[64].

A segunda situação apresentada trata de impossibilidade de alcançar o fim do contrato, da inviabilidade de se chegar à finalidade última de ambas as partes[65]. Quanto a essa situação, importa salientar que não se trata de impossibilidade da prestação, que muitas vezes é plenamente possível, mas esta deixa de fazer qualquer sentido diante de situação imprevista e externa ao contrato e, portanto, não incluída no risco contratual, e que frustra o fim do contrato[66]. Quanto a essa segunda hipótese, Karl Larenz analisa os seguintes exemplos:

a) Contratos de compra e venda. Nestes casos apenas pode ocorrer a quebra da base objetiva do negócio jurídico quando, tendo o comprador adquirido um bem com uma finalidade específica e o vendedor afirmado, expressa ou tacitamente, que a coisa atenderia àquela finalidade, esta não é atendida[67];

[62] LARENZ, Karl. Ob. cit. p. 136-137.
[63] LARENZ, Karl. Ob. cit. p. 137.
[64] LARENZ, Karl. Ob. cit. p. 133.
[65] LARENZ, Karl. Ob. cit. p. 138-159.
[66] COGO, Rodrigo Barreto. **Justificativa para Enunciado 166.** JORNADA DE DIREITO CIVIL. AGUIAR JR., Ruy Rosado de (Org.). Brasília: CJF, 2005. P. 160.
[67] LARENZ, Karl. Ob. cit. p. 142-144.

TEORIA DA BASE OBJETIVA DO NEGÓCIO

b) Contratos de arrendamento para exploração de um salão de baile ou um clube noturno, que resta impossível em razão do início da guerra e consequente proibição de realização de atividades noturnas. Nessas hipóteses Karl Larenz chama a atenção para decisões do tribunal alemão ao entender pelo vício da coisa arrendada, porém não é caso de vício da coisa, a coisa permanece apta para ser explorada conforme acordado, mas uma condição externa e alheia às partes se impôs, sendo que a solução mais adequada aqui seria reconhecer a quebra da base objetiva do negócio jurídico. Conclui Karl Larenz que o ponto que deve ser observado nessa questão é que o uso impossibilitado tenha sido previsto em contrato e que a finalidade tenha se tornado impossível, por motivos que não dependiam da parte[68];

c) Situações nas quais há o imprevisto desaparecimento da base do contrato. São casos que, num primeiro momento, parece ocorrer a impossibilidade de prestação e a impossibilidade de aceitação concomitantemente. Contudo, Larenz esclarece que, na realidade não há essa concorrência, citando dois exemplos:

i) Da completa destruição do substrato da contratação. Trata da encomenda para construção de uma porta para certa igreja que, com o início da guerra foi bombardeada, sendo que o marceneiro que deveria construir a porta em tese ainda poderia fazê-lo, mas considerando que a igreja estava destruída e em zona de guerra, não podendo ser reconstruída, o contrato teria perdido sua essência. Evidentemente, ressalta Larenz, que para que ocorra a impossibilidade de alcançar o fim cause o desaparecimento da base do negócio jurídico, esta impossibilidade não pode ser causada por influência da parte, ou ainda caso esta poderia ter evitado, tampouco em hipótese de risco do negócio[69];

ii) no segundo exemplo trata de situações nas quais o fim do contrato é alcançado por outro meio e não pela realização da prestação, o exemplo citado fala na contratação de pessoa para desencalhar um navio o qual acaba por ser desencalhado de forma natural, pela subida inusitada da maré. Nesse caso, não há o que o contratado fazer, não faz qualquer sentido que o contrato seja mantido, pois o obje-

[68] LARENZ, Karl. Ob. cit. p. 144-147.
[69] LARENZ, Karl. Ob. cit. p. 147-148.

TEORIA DA BASE OBJETIVA DO NEGÓCIO JURÍDICO

to do contrato já foi realizado de outra forma. Claro que, novamente nessa hipótese, o cumprimento do fim do contrato não pode ter ocorrido por responsabilidade da pessoa que contratou em prejuízo da pessoa contratada[70].

Karl Larenz conclui sua exposição para afirmar que a impossibilidade de alcançar o fim do contrato ocorre quando esse fim é comum para as partes, e nesse sentido, constitui a finalidade objetiva do contrato. Essa finalidade é expressa no conteúdo do contrato, entretanto, não precisa necessariamente estar de forma expressa do texto do documento, mas precisa ser clara pela interpretação integrada do contrato. A finalidade objetiva do contrato deve ser considerada especialmente quando é possível de ser deduzida da própria natureza do contrato e quando o conteúdo da prestação ou a quantia da contraprestação são determinados[71].

Observando a teoria de Larenz sob a luz da doutrina nacional, Antônio Junqueira de Azevedo, explica a teoria da base objetiva do negócio jurídico como um dos significados de causa. Segundo este autor, a Base do Negócio Jurídico de Larenz estaria dentro do conceito de causa concreta do negócio jurídico, ou o fim de cada negócio individualizado. É possível afirmar, dessa forma, que a teoria da base é uma teoria causalista, no seu sentido de "fim do negócio jurídico"[72].

Apenas para concluir, vale esclarecer que Karl Larenz apresenta as seguintes consequências para as hipóteses de quebra da base objetiva do negócio jurídico: 1) se por quebra da relação de equivalência, propõe tentar equilibrar as prestações, entretanto, se a outra parte não concordar com essa solução, sugere que o contrato poderá ser resolvido. Caso, ainda, a parte prejudicada já tenha realizado sua prestação, poderá

---

[70] Nas duas hipóteses de imprevisto desaparecimento do objeto, Larenz defende que o contratante deve indenizar os gastos já realizados pelo contratado, inclusive o interesse negativo, afinal a parte se preparou para cumprir o contrato e a não realização tampouco decorreu por sua responsabilidade. (ob. cit. p. 147-148).

[71] LARENZ, Karl. Ob. cit. p. 155-159.

[72] Antônio Junqueira de Azevedo afirma que há cinco possíveis compreensões para o termo causa no direito "causa pode ser causa-fato jurídico (*causa efficiens*); causa-motivo (*causa impulsiva*), se motivo psicológico, e causa-justa-causa, se motivo objetivo; causa da juridicidade (*civilis* ou *naturalis*); causa atribuição patrimonial (ou da atribuição de direitos); e causa do negócio (*causa finalis* com três concepções diferentes)". AZEVEDO, Antônio Junqueira de. **Negócio jurídico e Declaração Negocial: Noções gerais e formação da declaração negocial.** São Paulo: Universidade de São Paulo, 1986. p. 121-129.

reclamar uma indenização; 2) se a quebra ocorre pela frustração da finalidade, o credor para o qual a prestação se tornou inútil poderá rechaça-la e se negar a realizar a contraprestação, se a outra parte já realizou gastos indispensáveis para a prestação, contudo, deverá ressarci-la. Interessa notar que, para os casos de contrato de arrendamento, Karl Larenz remete a artigos já existentes no Código Civil alemão vigente na época, não criando soluções novas para situações já previstas, mas apenas para aquelas que pendiam de solução legislativa clara[73].

---

[73] LARENZ, Karl. **Base del negocio juridico y cumplimiento del contrato**. Granada: Editorial Comares, 2002. p. 211.

reclamar uma indenização; 2) se a quebra ocorre pela frustração da finalidade, o credor para a qual a prestação se tornou inútil poderá recha-
çá-la e se nega a realizar a contraprestação, se a outra parte já realizou
gastos indispensáveis para a prestação, contudo, deverá ressarci-la. Interessa notar que, para os casos de contrato de arrendamento, Karl Larenz
remete a artigos já existentes no Código Civil alemão vigente na época,
não criando soluções novas para situações já previstas, mas apenas para
aquelas que pendiam de solução legislativa clara.

Larenz, Karl. Base del negocio jurídico y cumplimiento del contrato. Granada: Editorial Comares 2002 p. 211.

2. Teoria da Base Objetiva e a Função Social do Contrato

2.1. Código Civil de 2002

O Código Civil de 2002, Lei nº 10.406/2002, diferentemente do Código Civil alemão (*Bürgerliches Gesetzbuch – BGB*), não traz expressamente em seu texto a aplicação da Teoria da Base Objetiva do Negócio Jurídico para o direito civil brasileiro. Uma leitura superficial da redação da lei faz parecer que há apenas duas situações possíveis de revisão contratual, nos artigos 317[74] e 478[75], os quais tem se mostrado com uma aplicação muito limitada, além de outros casos expressos para tipos contratuais específicos, sem margem para o emprego em outras hipóteses.

O artigo 317 apresenta uma situação bastante particular, pois trata puramente do valor da prestação no tempo, com a possibilidade de correção. O artigo 478, que poderia ter uma aplicação mais ampla, tratando da possibilidade de revisão do contrato por onerosidade excessiva, sofre com todos os seus pressupostos que o tornam de difícil aplicação, quais sejam: 1) prestação excessivamente onerosa; 2) necessidade de "extrema vantagem para a outra parte"; e, especialmente, 3) acontecimentos extra-

---

[74] CC 2002. Art. 317. Quando, por motivos imprevisíveis, sobrevier desproporção manifesta entre o valor da prestação devida e o do momento de sua execução, poderá o juiz corrigi-lo, a pedido da parte, de modo que assegure, quanto possível, o valor real da prestação.

[75] CC 2002. Art. 478. Nos contratos de execução continuada ou diferida, se a prestação de uma das partes se tornar excessivamente onerosa, com extrema vantagem para a outra, em virtude de acontecimentos extraordinários e imprevisíveis, poderá o devedor pedir a resolução do contrato. Os efeitos da sentença que a decretar retroagirão à data da citação.

TEORIA DA BASE OBJETIVA DO NEGÓCIO JURÍDICO

ordinários e imprevisíveis. Não bastasse a quantidade de pressuportos que devem ser cumpridos, este artigo tem sofrido uma interpretação bastante rigorosa de nossos tribunais, especialmente em razão da passagem que trata sobre "acontecimentos extraordiários e imprevisíveis", fazendo alguns doutrinadores questionarem se seria o fim da aplicabilidade deste artigo.

É com base nesse artigo 478 (antigo 477 no projeto do código), que Ruy Rosado Aguiar afirma pelo afastamento da teoria da base objetiva pelo Código Civil de 2002. A afirmação do autor, contudo, vem com um tom de crítica, entendendo este que essa é a teoria mais adequada para buscar uma justiça contratual, vejamos suas palavras:

> A regra inserida no Projeto, porém, é bem mais limitativa do que a doutrina recomenda e a prática forense tem admitido. Assim, nos contratos de execução continuada ou diferida, se houver o acontecimento extraordinário e imprevisível, tornando extremamente onerosa a prestação para uma das partes, e com extrema vantagem para a outra, é possível ao devedor pedir a resolução do contrato (art. 477). Ora, há ai duas exigências que não têm sido feitas: a imprevisibilidade do fato futuro e a extrema vantagem para a contraparte. [...]
>
> Nesse ponto, a reforma veio introduzir uma inovação que se fazia sentir, mas disse menos do que poderia ter dito. Afastou-se da teoria da alteração da base objetiva do negócio, que melhor satisfaz a exigência de justiça contratual, pois permite a intervenção judicial ainda quando inexistente a imprevisibilidade e a vantagem excessiva para o credor, e está fundada no exame das condições concretas do negócio, o que exclui o perigo de um julgamento fundado apenas em considerações de ordem subjetiva[76].

Adicionalmente ao fato de não ter previsão expressa no Código Civil, há ainda, como contra argumento ao aqui defendido, o fato do Código

---

[76] AGUIAR JÚNIOR, Ruy Rosado de. **Projeto do Código Civil: As Obrigações e os Contratos**. In: MENDES, Gilmar Ferreira; STOCCO, Rui (Org.). **Direito civil: parte geral: atos, fatos, negócios jurídicos e bens**. São Paulo: Revista dos Tribunais, 2011. v. 4. (Doutrinas essenciais). P. 529.

TEORIA DA BASE OBJETIVA E A FUNÇÃO SOCIAL DO CONTRATO

de Defesa do Consumidor trazer previsão explícita nesse sentido no artigo 6, inciso V[77].

Voltando à afirmação de Ruy Rosado Aguiar, importa esclarecer que podemos considerá-la parcialmente correta. Segundo a teoria de Larenz, a base objetiva do negócio jurídico pode ser destruída em duas hipóteses, quais sejam: 1. a completa destruição da situação de equivalência, de tal modo que não se possa falar de uma contraprestação, e 2. impossibilidade posterior e definitiva de alcançar o fim expressamente esperado pelas partes do contrato, ainda que a prestação do devedor seja possível.

De fato, com base no artigo 478[78], não podemos dizer que a quebra da equivalência não está prevista de forma expressa no Código Civil, buscando motivo para abrandá-lo. Entretanto, esse artigo, não trata e, portanto, não exclui a necessidade de tratar daqueles casos para os quais há a impossibilidade posterior definitiva de alcançar a finalidade do contrato, ainda que possível a realização das prestações[79]. É nesse aspecto que defendo que a teoria da base objetiva do negócio jurídico é recepcionada e deve ser aplicada quando da ocorrência de casos dessa natureza.

O Código Civil de 2002 é um código extremamente rico e deve ser lido e interpretado em seu conjunto e este trouxe importantes inovações[80] para o direito civil e especialmente para as relações contratuais

---

[77] Lei nº 8.078/90. Art. 6º São direitos básicos do consumidor: V – a modificação das cláusulas contratuais que estabeleçam prestações desproporcionais ou sua revisão em razão de fatos supervenientes que as tornem excessivamente onerosas. Texto disponível em: http://www.planalto.gov.br/ccivil_03/leis/L8078compilado.htm.

[78] CC 2002. Art. 478. Nos contratos de execução continuada ou diferida, se a prestação de uma das partes se tornar excessivamente onerosa, com extrema vantagem para a outra, em virtude de acontecimentos extraordinários e imprevisíveis, poderá o devedor pedir a resolução do contrato. Os efeitos da sentença que a decretar retroagirão à data da citação.

[79] Essa divisão e conclusão é também alcançada por Ântonio Junqueira de Azevedo, em obra muito anterior ao Código Civil de 2002, mas que adota lógica similar para entender que na primeira hipótese de quebra da base objetiva apresentada por Larenz, cabe a aplicação da resolução por onerosidade excessiva, já prevista no código civil à época, não sendo necessário recorrer à teoria de alemã. Afirma este mesmo autor, à época, que faltaria previsão em relação às hipóteses de perda da finalidade. (AZEVEDO, Antônio Junqueira de. **Negócio jurídico e Declaração Negocial: Noções gerais e formação da declaração negocial.** São Paulo: Universidade de São Paulo, 1986. p. 224-225)

[80] Não obstante celebrado por muitos juristas, cabe salientar a crítica formulada pelo eminente jurista Antônio Junqueira de Azevedo em seu texto "Insuficiências, deficiências

TEORIA DA BASE OBJETIVA DO NEGÓCIO JURÍDICO

e sua interpretação, abrindo caminho para a aplicação da teoria da base do negócio jurídico através dos artigos que o compõe.

Sua riqueza pode ser afirmada não apenas por trazer inovações, como a inclusão da previsão expressa, inédita em relação a outras legislações, da função social do contrato, mas também por sofrer influências de diferentes pensadores e culturas jurídicas, em especial, como é o exemplo do presente trabalho, da doutrina italiana e do código civil alemão.

Conforme exposição de motivos do que na época era apenas o Anteprojeto do Código Civil, Miguel Reale afirma que a própria estrutura do que estava sendo proposto, com uma Parte Geral seguida de cinco livros especiais, indica o modo como todo o texto deve ser lido e interpretado, sendo a Parte Geral essencial para a interpretação de todo o restante, pois *"firma os princípios ético-jurídicos essenciais"*, se tornando *"instrumento indispensável e sobremaneira fecundo na tela da hermenêutica e da aplicação do Direito"*[81]. Esse formato de estrutura, diga-se de passagem, é a mesma adotada pelo BGB Alemão (Código Civil Alemão)[82].

e desatualização do projeto de Código Civil na questão da boa-fé objetiva nos contratos" (p. 6 – disponível em http://ead2.fgv.br/ls5/centro_rec/docs/Insuficiencias_deficiencias_e_desatualizacao.pdf). Primeiramente a crítica ao Código Civil de 2002 como um todo, em razão de ser um código que já nasceu velho, considerando que o projeto é de 1970 e este foi promulgado apenas em 2002, mas também e especialmente quanto ao aspecto aqui tratado, esse jurista tece duras críticas por entender que o momento atual requer uma fuga do juiz e não a ida ao seu encontro: "Esses conceitos jurídicos indeterminados eram principalmente o que chamo de *bando dos quatro* – à moda daquela revolução cultural comunista –, quais sejam: função social, boa-fé, ordem pública e interesse público. O problema todo desses quatro conceitos era que eles não tinham conteúdo, eram vazios do ponto de vista axiológico. Até hoje, eles servem para a retórica, mas o mundo atual não se conforma mais com esses conceitos vazios. O paradigma, que antes era o da lei, passou a ser o do Juiz e, agora, é o da solução rápida do caso concreto. Hoje estamos fugindo do Juiz." Com a devida vênia, de uma pessoa que tem profunda admiração pelo trabalho desse ilustre jurista, concordo apenas em parte com a crítica elaborada uma vez que não entendo ser possível fugir da interpretação no caso concreto, especialmente na busca de uma solução justa para as partes, mas também pelo fato de, como veremos a seguir, esses conceitos já vinham sido trabalhados pela doutrina e jurisprudência e atualmente estão bastante consolidados e com um conteúdo verificável.

[81] Reale, Miguel. Anais do "EMRJ Debate o Novo Código Civil – Exposição de Motivos do Supoerviso da Comissão Revisora e Elaboradora do Código Civil, Doutor Miguel Reale, datada de 16 de Janeiro de 1975" Disponível em http://www.emerj.tjrj.jus.br/revistaemerj_online/edicoes/anais_onovocodigocivil/anais_especial_1/Anais_Parte_I_revistaemerj_9.pdf, em 30/01/2019. p. 16.

TEORIA DA BASE OBJETIVA E A FUNÇÃO SOCIAL DO CONTRATO

O novo Código Civil trouxe para seu texto, ainda, imperativos de socialidade e concretude, visando, ao mesmo tempo olhar para o social e para o individual, ou o concreto, buscando o tão necessário equilíbrio entre essa relação. Em vista desses imperativos o código civil de 2002 traz mecanismos que visam propor soluções que possibilitem sua integração, que, nas palavras de Miguel Reale:

> [...] implica uma atitude de natureza operacional, *sem quebra do rigor conceitual*, no sentido de se preferir sempre configurar os modelos jurídicos com amplitude de repertório, *de modo a possibilitar a sua adaptação às esperadas mudanças sociais, graças ao trabalho criador da Hermenêutica*, que nenhum jurista bem informado há de considerar tarefa passiva e subordinada [83]. (grifos nossos)

Uma das ferramentas trazidas pelo Código Civil para alcançar os objetivos desejados, com uma lei capaz de se adaptar às necessidades e à evolução da sociedade, foi a inserção das chamadas cláusulas gerais, que observam justamente essas características de adaptação e flexibilidade, como ensina Gerson Luiz Carlos Branco[84]:

> A característica das cláusulas gerais é sua mobilidade e capacidade de adaptar-se às transformações sociais, permitindo que fatos não previstos pelo legislador sejam objeto de disciplina no caso concreto. As mudanças sociais ocorridas posteriormente à edição de lei contendo cláusulas gerais provocam alterações na maneira como a cláusula geral deve ser preenchida, pois ela precisa ser consoante à realidade posta em litígio. Essa característica torna o texto legal elástico e aberto às transformações sociais que possam vir a ocorrer.

---

[82] A estrutura alemã se opõe à estrutura francesa, admitindo-se a existência do dualismo entre um "sistema de matriz francesa" e um "sistema de matriz germânica". Sobre a grande influência que o BGB e a doutrina alemã possuem no Direito Civil Brasileiro é interessante a leitura de Otávio Luiz Rodrigues Jr. (RODRIGUES JR., Otavio Luiz. **A influência do BGB e da doutrina alemã no Direito Civil brasileiro do século XX**. Disponível em: http://www.direitocontemporaneo.com/wp-content/uploads/2014/01/RODRIGUESJR-A-influencia--do-BGB-e-da-doutrina-no-Direito-Civil-brasileiro-do-seculo-XX-O-Direito.pdf. Acesso em: 07/06/2019. p. 75-76.)

[83] REALE, Miguel. Ob. cit. p. 17.

[84] BRANCO, Gerson Luiz Carlos. Função social dos contratos: interpretação à luz do Código Civil. São Paulo: Saraiva, 2009. p. 140.

TEORIA DA BASE OBJETIVA DO NEGÓCIO JURÍDICO

Ora, a teoria da base objetiva do negócio jurídico se encaixa perfeitamente nesse contexto. A busca do que é justo pela análise do que foi originalmente acordado no caso concreto, auferível de forma objetiva, e a busca pela manutenção do equilíbrio original, atende de forma bastante satisfatória os princípios da solidariedade, da concretude e da eticidade, sendo que a forma como isso é realizado se enquadra no contexto das cláusulas gerais, que permite a análise do concreto e considera as alterações da sociedade. Vale lembrar que, na Alemanha, a teoria da quebra da base objetiva do negócio jurídico volta a ganhar força após a segunda guerra mundial, em razão das mais diversas consequências de uma guerra na sociedade[85].

Ruy Rosado Aguiar chama a atenção para a justiça das soluções quando aplicadas as cláusulas gerais, uma vez que estas permitem olhar para o caso concreto. Nesse sentido, esclarece que está no artigo 187[86] a *"expressão mais apurada dessa idéia"* e que deve iluminar todo o Direito Obrigacional, limitando o *"exercício dos direitos aos seus fins econômicos e sociais, à boa-fé objetiva e aos bons costumes"*[87]. Apesar de ainda muito amplas e de sempre existir a necessidade de observar cada realidade, cabe ressaltar que muitas dessas cláusulas possuem significado já bastante consolidado pela doutrina e jurisprudência, não sendo assim conceitos tão vazios, como são por vezes criticados.

Outro aspecto de suma importância das cláusulas gerais, trazendo regras essenciais como boa-fé e função social do contrato, é trazer ele-

---

[85] Os exemplos que decorrem de situações que surgiram durante ou após a segunda guerra mundial são muitos, exemplos clássicos são os arrendamentos de espaços para o exercício de atividades de lazer como bares, restaurantes, salões de baile e afins, mas que a finalidade pretendida foi prejudicada uma vez que, em razão da guerra, essas atividades teriam sido proibidas, ou o também famoso caso da encomenda de porta sob medida para uma igreja, mas a igreja foi bombardeada e destruída, não fazendo mais sentido a construção da porta. (LARENZ, Karl. **Base del negocio juridico y cumplimiento del contrato**. Granada: Editorial Comares, 2002. p. 144-145; 147)

[86] CC 2002. Art. 187. Também comete ato ilícito o titular de um direito que, ao exercê-lo, excede manifestamente os limites impostos pelo seu fim econômico ou social, pela boa-fé ou pelos bons costumes.

[87] AGUIAR JÚNIOR, Ruy Rosado de. Projeto do Código Civil: As Obrigações e os Contratos. In: MENDES, Gilmar Ferreira; STOCCO, Rui (Org.). Direito civil: parte geral: atos, fatos, negócios jurídicos e bens. São Paulo: Revista dos Tribunais, 2011. v. 4. (Doutrinas essenciais). P. 518-519.

mentos que antes eram considerados princípios para um patamar mais concreto de aplicação. Como ensinam Rosa Maria de Andrade Nery e Nelson Nery Junior em diversos momentos de sua obra "Instituições de direito civil", sobre essa escolha do legislador:

> Como as cláusulas gerais possuem *função instrumentalizadora*, porque vivificam o que se encontra contido, abstrata e genericamente, nos princípios gerais de direito e nos conceitos legais indeterminados, têm essas cláusulas gerais natureza mais concreta e efetiva do que esses dois institutos. A cláusula geral não é princípio, tampouco regra de interpretação; *é norma jurídica, isto é, fonte criadora de direitos e de obrigações*[88]. (*grifo nosso*)

Por "função instrumentalizadora", os autores esclarecem que deve ser entendida como "atividade do juiz para dar concretude à enunciação abstrata"[89], ou seja, são efetivas ferramentas para o acionamento do Poder Judiciário e, por isso, tão importantes[90].

Nesse contexto, importa destacar os artigos 187, que trata do abuso de direito, 421, que inova ao trazer para o texto da lei a função social do contrato e ao artigo 422, sobre a boa-fé objetiva na relação contratual, todos do Código Civil de 2002, basilares para o este trabalho e que trouxeram relevantes princípios regentes do direito civil, para esse está-

---

[88] NERY, Rosa Maria Andrade; NERY JÚNIOR, Nelson. Instituições de direito civil: direito das obrigações, Vol. II. São Paulo: Editora Revista dos Tribunais, 2015. p. 122-123.

[89] NERY, Rosa Maria Andrade; NERY JÚNIOR, Nelson. Instituições de direito civil: direito das obrigações, Vol. III. São Paulo: Editora Revista dos Tribunais, 2016. P. 52.

[90] Reforçando o fato dos princípios virem expressos no Código Civil de 2002 é o seguinte trecho de Judith Martins-Costa: "A ausência de explicitação dos princípios, no Código de 1916, era uma ausência eloquente: indicava um certo papel atribuído aos princípios na compreensão, construção, interpretação e na aplicação do Direito. Estes não eram tidos como verdadeiras normas jurídicas, tinham papel apenas supletivo ou argumentativo, sendo chamados a atuar no caso de lacunas ou para confirmar a razão de ser de determinada regra. Já agora o panorama é diverso. Os princípios, sendo enunciados (e de forma altissonante) já no pórtico do Direito Contratual, estão a indicar que o seu valor é integrativo da disciplina contratual e vinculante ao intérprete. Os princípios compõem, cada um deles, na dimensão do peso e da ponderação que lhes é própria, a estrutura dos institutos e das regras contratuais. Daí também o seu valor operativo e prospectivo, valor de normas produtoras de normas". (MARTINS-COSTA, Judith. **Reflexões sobre o princípio da função social dos contratos.** Revista Direito GV1, v.l.n.l, maio 2005. p. 041-066. Disponível em: http://bibliotecadigital.fgv.br/ojs/index.php/revdireitogv/article/view/35261/34057. Acesso em: 06/06/2019. p. 42-43.)

TEORIA DA BASE OBJETIVA DO NEGÓCIO JURÍDICO

gio de aplicabilidade concreta, imediata e indiscutível para o direito das obrigações e, especialmente, toda a matéria sobre contratos e que serão melhor analisados adiante.

O fato de terem tratamento de cláusula geral pelo Código Civil de 2002, com aplicabilidade mais concreta, não significa que importantes conceitos como os princípios da função social do contrato e da boa-fé objetiva deixam de ter também características de princípios em determinadas situações, pois ainda são valores básicos do nosso ordenamento. Dessa forma, neste texto, a boa-fé objetiva e o fim social do contrato poderão ser tratados em determinados momentos como princípio e em outros no próprio contexto da cláusula geral, com aplicação direta.

Outros dois pontos essenciais para a tese apresentada são os artigos 112 e 113 do Código Civil, que tratam da interpretação contratual[91] [92], atuando como verdadeiros complementos para os demais artigos acima citados, não sendo possível distinguir de forma clara se são os artigos 187, 421 e 422 que levam à existência dos artigos 112 e 113, ou vice e versa, sendo que, conforme acima exposto, não parece justo destacar e estabelecer uma ordem, quando todos trabalham em perfeita harmonia, completando uns aos outros, e cada qual cumprindo seu papel na estrutura de um código que foi escrito para ser lido em seu conjunto.

Dessa forma, a Teoria da Base do Negócio Jurídico é absorvida pelo Código Civil de 2002 não apenas como resultado de um artigo específico, mas como consequência da aplicação de suas disposições de forma integrada. Não obstante essa penetração difusa em nosso ordenamento, é possível verificar o papel de destaque da cláusula geral que determina

---

[91] CC 2002. Art. 112. Nas declarações de vontade se atenderá mais à intenção nelas consubstanciada do que ao sentido literal da linguagem. Art. 113. Os negócios jurídicos devem ser interpretados conforme a boa-fé e os usos do lugar de sua celebração.

[92] Com as alterações trazidas pela Lei nº 13.874/2019, foram acrescentados dois parágrafos ao Artigo 113. Parágrafo primeiro. A interpretação do negócio jurídico deve lhe atribuir o sentido que: I) for confirmado pelo comportamento das partes posterior à celebração do negócio; II) corresponder aos usos, costumes e práticas do mercado relativas ao tipo de negócio; III) corresponder à boa-fé; IV) for mais benéfico à parte que não redigiu o dispositivo, se identificável; e V) corresponder a qual seria a razoável negociação das partes sobre a questão discutida, inferida das demais disposições do negócio e da racionalidade econômica das partes, consideradas as informações disponíveis no momento de sua celebração. Parágrafo segundo. As partes poderão livremente pactuar regras de interpretação, de preenchimento de lacunas e de integração dos negócios jurídicos diversas daquelas previstas em lei.

TEORIA DA BASE OBJETIVA E A FUNÇÃO SOCIAL DO CONTRATO

a função social do contrato como regra norteadora de todo o direito contratual, no artigo 421 do Código Civil, entendimento reforçado ou justificado, pela aplicação conjunta com artigos 112 e 113, sobre interpretação contratual, como será adiante demonstrado.

2.2. Função social do contrato

A cláusula geral da função social do contrato não é um ponto de consenso na doutrina brasileira, sendo que, na realidade, talvez seja uma das cláusulas mais controversas do novo Código Civil. Aclamada por alguns e muito criticada por outros a aplicação e o conceito da função social do contrato é um assunto que ainda levanta muitas discussões.

A função social do contrato está prevista no artigo 421, do Código Civil, na parte geral da matéria sobre contratos, sendo, portanto, aplicável a todo e qualquer tipo de contrato[93] [94].

A relevância da exata compreensão dessa matéria pode ser compreendida, inicialmente, pelo papel de destaque dado à função social do contrato pelo próprio sistema do Código Civil em duas oportunidades: primeiro quanto à posição desse artigo na parte geral do direito dos contratos, cabendo aqui observar os ensinamentos de Gerson Luiz Carlos Branco[95]:

> No Código Civil vigente, a Parte Geral assume caráter de núcleo axiológico do Código Civil, pois nela está contida a principiologia que é desdobrada no curso do Código Civil, e, [...] com o papel de núcleo da legis-

---

[93] "Art. 421 – A liberdade de contratar será exercida em razão e nos limites da função social do contrato".

[94] Com a nova redação trazida pela Lei nº 13.874/2019 o art. 421 ficou com o seguinte texto: "Art. 421 – A liberdade contratual será exercida nos limites da função social do contrato. Parágrafo único. Nas relações contratuais privadas, prevalecerão o princípio da intervenção mínima e a excepcionalidade da revisão contratual. Art. 421-A. Os contratos civis e empresariais presumem-se paritários e simétricos até a presença de elementos concretos que justifiquem o afastamento dessa presunção, ressalvados os regimes jurídicos previstos em leis especiais, garantido também que: I – as partes negociantes poderão estabelecer parâmetros objetivos para a interpretação das cláusulas negociais e de seus pressupostos de revisão ou de resolução; II – a alocação de riscos definida pelas partes deve ser respeitada e observada; e III – a revisão contratual somente ocorrerá de maneira excepcional e limitada."

[95] BRANCO, Gerson Luiz Carlos. Função social dos contratos: interpretação à luz do Código Civil. São Paulo: Saraiva, 2009. P. 110-113.

lação extravagante, cuja aplicação precisa estar adequada aos princípios gerais do sistema. [...]

A cláusula geral do artigo 421 serve, portanto, como norma para a solução de casos concretos e para a integração sistemática das normas gerais do direito contratual postas no Código Civil com as leis extravagantes que disciplinam os contratos, tendo papel de cânone hermenêutico.

E em um segundo momento, quando combinada com a leitura do artigo 2.035, parágrafo único do Código Civil, que consagram o respeito à função social do contrato como matéria de "ordem pública" e, portanto, imbuída de todo o peso que uma matéria de ordem pública merece de nosso ordenamento jurídico, cabendo, por exemplo, sua aplicação de ofício pelo juiz quando assim entender necessário.

É a correta compreensão da função social do contrato, outrossim, que demonstra os cuidados que devem ser levados em consideração na sua aplicação e exalta o que entendo ser uma de suas principais aplicações e seu potencial dentro do nosso ordenamento jurídico, com a consequente conclusão, juntamente com a leitura dos artigos 112 e 113 do Código Civil, da aceitação da teoria da base objetiva do negócio jurídico pelo Código Civil de 2002.

Vale destacar, entretanto, que o objetivo deste trabalho não é analisar a fundo a função social do contrato em si, mas compreender seu papel diante da teoria da base objetiva do negócio jurídico para tratar de situações nas quais ocorre a frustação da finalidade objetiva do contrato.

A alteração trazida pela Lei nº 13.874/2019 excluiu parte do texto essencial para o correto entendimento da abrangência do artigo 421, ao meu ver um erro do legislador atual. Não obstante a alteração realizada nesse momento, o estudo e a compreensão do contexto da função social do contrato bem como da redação original do artigo 421, permanece importante para demonstrar o espírito da lei, bem como entender o que significam as mudanças trazidas pela nova lei.

Isto posto, demonstrado a importância da adequada compreensão dessa matéria, importa voltar um pouco na história desse instituto para melhor entendê-lo.

TEORIA DA BASE OBJETIVA E A FUNÇÃO SOCIAL DO CONTRATO

2.2.1. *Origens*

Não podemos aqui deixar de citar novamente a influência, ainda que como fonte de crítica e de forma indireta, que o BGB possui em relação à função social do contrato. Sem entrar no mérito quanto à justiça das críticas e de todo o histórico do BGB[96], fato é que o BGB foi muito criticado por ser considerado um código liberal e que teria esquecido os pobres[97]. Dessa forma, muitos foram os estudos e as publicações feitas em desaprovação ao BGB, comentando sobre a necessidade da legislação civil trazer um caráter mais social em seu texto.

Como contexto histórico, cabe observar que o período de discussão e publicação de seu texto (1874-1896[98]), foi o mesmo período do surgimento do chamado "socialismo jurídico", que se deu no último quarto do século XIX, sendo seus seguidores críticos do BGB de 1896[99]. Apesar de com acepções e correntes bastante plurívocas, o chamado socialismo jurídico, dentre outros autores, traz os nomes que veremos abaixo como os primeiros a falarem em função social do contrato.

O nome de juristas de diferentes nacionalidades em crítica ao BGB, e não apenas de juristas alemães, demonstra como as diferentes legis-

---

[96] Para um estudo mais detalhado sobre a composição dos responsáveis pela elaboração do BGB e análise do momento histórico, ver o obra do Prof. Doutor Otavio Luiz Rodrigues Jr. (RODRIGUES JR., Otavio Luiz. **A influência do BGB e da doutrina alemã no Direito Civil brasileiro do século XX.** Disponível em: http://www.direitocontemporaneo.com/wp-content/uploads/2014/01/RODRIGUESJR-A-influencia-do-BGB-e-da-doutrina-no-Direito--Civil-brasileiro-do-seculo-XX-O-Direito.pdf. Acesso em: 07/06/2019)

[97] RODRIGUES JR., Otavio Luiz. **A influência do BGB e da doutrina alemã no Direito Civil brasileiro do século XX.** Disponível em: http://www.direitocontemporaneo.com/wp-content/uploads/2014/01/RODRIGUESJR-A-influencia-do-BGB-e-da-doutrina-no-Direito--Civil-brasileiro-do-seculo-XX-O-Direito.pdf. Acesso em: 07/06/2019. p. 49-66.

[98] Data da primeira instauração da primeira comissão até sua publicação.

[99] Vigente até os dias atuais, o BGB passou por muitas reformas para sua adaptação aos problemas sociais de cada momento. "Como centro e seio do direito civil, o BGB sobreviveu ao fim do Império Alemão, à I. Guerra Mundial, à República de Weimar, à ditadura nazista e, com ela à II. Guerra Mundial e acompanhou o nascimento e crescimento da República Federal da Alemanha até hoje. A mudança de valores jurídicos e sociais no decorrer do tempo sempre exigiu reformas para adaptar a lei às exigências reais." (NORDMEIER, Carl Friedrich. **O novo direito das obrigações no Código Civil Alemão – A reforma de 2002.** In: Digitalização de revista impressa Cadernos do Programa de Pós-Graduação em Direito, Número 1, Março de 2004. Publicação da Edição digitalizada em 30 de Junho de 2014. Disponível em: http://www.seer.ufrgs.br/ppgdir/article/download/43502/27380. Acesso em: 06/06/2019. p. 204).

TEORIA DA BASE OBJETIVA DO NEGÓCIO JURÍDICO

lações e doutrinas se relacionam e influenciaram umas às outras, além é claro da origem romanista comum neste caso. Esses autores, ademais, não se limitavam a seus respectivos países, sendo que em seus trabalhos falavam quanto à necessidade de uma transformação social nos *Estados europeus* de modo geral[100] [101].

A obra de Gerson Luiz Carlos Branco[102] traz os pensamentos de Jhering, Enrico Cimbali, Karl Renner e León Duguit, como os primeiros juristas a tratarem sobre o tema. Estes foram contemporâneos e seguidores de correntes do "socialismo jurídico", porém como já afirmado, o chamado "socialismo jurídico" possui correntes bastante distintas e que divergem entre si, de modo que esses juristas trazem explicações um tanto diferentes para a função social do contrato.

Começando por Jhering, sua mais importante contribuição nesse sentido é o estudo da finalidade do direito e, consequentemente, a finalidade e a função dos contratos, sendo o responsável por introduzir a interpretação teleológica na dogmática do direito. Em breve síntese, o autor estudado ensina que, para Jhering a função do contrato está em vincular e obrigar o acordo de vontades, que é a causa do contrato, sendo que tal objetivo condiz com o interesse da sociedade que o regula e dota o contrato de eficácia. Esse entendimento de que é a sociedade que dá força ao contrato e não a vontade em si é considerado um dos grandes méritos do pensamento de Jhering, chamando atenção à dimensão social do direito privado[103].

---

[100] "É correto afirmar que autores como Mender, Gierke e, na Itália, **Enrico Cimbali**, deram ênfase à necessidade de uma transformação social nos Estados europeus, que o crepúsculo do século XIX começava a deixar entrever e cujo efeito se revelaria de maneira trágica nas décadas iniciais do século XX, com a Revolução Russa e a Primeira Guerra Mundial." (RODRIGUES JR., Otavio Luiz. **A influência do BGB e da doutrina alemã no Direito Civil brasileiro do século XX.** Disponível em: http://www.direitocontemporaneo.com/wp-content/uploads/2014/01/RODRIGUESJR-A-influencia-do-BGB-e-da-doutrina-no-Direito--Civil-brasileiro-do-seculo-XX-O-Direito.pdf. Acesso em: 07/06/2019. p. 64)

[101] A instrumentalização dos institutos jurídicos, com a preocupação por sua função social tem espaço primeiro na Constituição Mexicana de 1917 e então na Constituição de Weimar de 1919, porém o termo específico e expresso "função social do contrato" é positivado primeiro no nosso Código Civil de 2002.

[102] BRANCO, Gerson Luiz Carlos. Função social dos contratos: interpretação à luz do Código Civil. São Paulo: Saraiva, 2009. p. 40-92.

[103] Idem, ibidem, p. 42-47.

TEORIA DA BASE OBJETIVA E A FUNÇÃO SOCIAL DO CONTRATO

Cabe esclarecer que o foco do pensamento de Jhering está na vontade individual e egoística das partes, segundo Jhering ninguém se movimenta para atingir um objetivo social geral, mas sim para atender a algum interesse individual. É o interesse individual que motiva as pessoas a agirem, esse interesse individual é conquistado através da interação com outros indivíduos com interesses recíprocos e congruentes. Essa cooperação entre os indivíduos, contudo, também é essencial para o funcionamento da sociedade e é por esse motivo que o direito concede efetividade aos acordos realizados, *"a existência de um interesse geral como objeto do contrato é simplesmente tratada como interesse jurídico suficiente para dotar o contrato dessa eficácia"*[104].

O segundo jurista apresentado é Leon Duguit, o qual também entende que é a sociedade que dá sentido à força obrigatória dos contratos. Porém essa concepção é alcançada sem o caráter individualista de Jhering que olha para a vontade das partes e para seus interesses como causa do contrato, Leon Duguit endereça sua análise para a finalidade objetiva do ordenamento a qual é entendida com fins de solidariedade social, gerando uma visão mais socialista do direito[105].

Para Leon Duguit *"é preciso que o contrato tenha um fundamento social, não podendo ser baseado somente em um ato de vontade puramente individual"*[106], esse jurista coloca o indivíduo em segundo plano, como mera célula dentro do grupo que integra, o que é protegido é esse grupo, em sua coletividade. É em nota de rodapé, ao citar António Manuel Hespanha, que surge uma importante crítica a esta visão:

> No entanto, se por um lado trouxe grande contribuição para uma visão "social" do direito, por outro, foi uma concepção que resultou numa visão organicista da sociedade, cujo resultado foi um conjunto de governos totalitários, fazendo menção expressa ao discurso de Mussoline[107] [108].

---

[104] BRANCO, Gerson Luiz Carlos. Ob. cit. p. 45.

[105] Idem, ibidem, p. 47-52.

[106] BRANCO, Gerson Luiz Carlos. Ob. Cit. p. 50.

[107] Idem, ibidem, p. 51, rodapé.

[108] Não é sem propósito que menciono essa crítica à visão de Duguit. Não obstante a evolução do social e a grande importância que isso tem para termos uma sociedade mais justa e igualitária, é necessário sempre observar um equilíbrio entre o individual e o social. Se o foco excessivo para o indivíduo pode causar injustiças sociais, a desconsideração do indiví-

TEORIA DA BASE OBJETIVA DO NEGÓCIO JURÍDICO

Enrico Cimbali é apresentado como o provável primeiro jurista a utilizar a expressão "função social dos contratos", e embora também esteja qualificado dentro de uma das correntes do "socialismo jurídico", suas ideias vêm na contracorrente de outros pensadores da época ao entender a importância também do interesse individual[109], o valor de sua obra está em encontrar um equilíbrio entre o individual e o social, mostrando a não apenas possível, mas necessária convivência dos dois. Enrico Cimbali defende as liberdades do indivíduo, mas afirma que estas devem ser moderadas e integradas pelo Estado, sendo este responsável por *"limitar a tendência egoística e desorganizadora provocada pelo capitalismo"*[110]. É através da lei que o Estado controla esses interesses egoísticos e delimita as necessidades sociais, *"o contrato tem como pressuposto o homem, como juiz natural de seus interesses, e sua liberdade somente encontra limites na lei"*[111].

Para Cimbali, a função social do contrato está na sua própria finalidade, na sua causa. Assim esclarece Gerson Luiz Carlos Branco que ensina sobre a obra de Cimbali:

> O contrato como relação de troca cumpre uma *função social*, porque o homem individualmente não consegue suprir suas próprias necessidades, formando uma equação constante entre os que dão e os que recebem, entre os que produzem e os que consomem. *A necessidade de troca para subsistência individual e social é a causa e a justificação racional das obrigações como função sociológica.*
>
> [...]
>
> *A função social é o dinamismo orgânico das forças individuais que combinadas de maneira recíproca constituem e assumem a determinação jurídica do contrato.* A finalidade do contrato é justamente a de vincular uma parte à outra e a de realizar a atribuição patrimonial entre ambas. *A eficácia obrigatória do contrato, considerando sua função social, repousa na emanação de direitos decor-*

---

duo gera sociedades autoritárias. Nenhum desses cenários é desejado, de modo que o equilíbrio é sempre necessário.

[109] MARTINS-COSTA, Judith. **Reflexões sobre o princípio da função social dos contratos.** In: Revista Direito GV1, v.1 n.1, p. 041 – 066, maio 2005. Disponível em: http://bibliotecadigital.fgv.br/ojs/index.php/revdireitogv/article/view/35261/34057. Acesso em: 06/06/2019. Nota de rodapé nº 51, p. 62.

[110] BRANCO, Gerson Luiz Carlos. Ob. Cit. p. 56.

[111] BRANCO, Gerson Luiz Carlos. Ob. Cit. p. 57.

TEORIA DA BASE OBJETIVA E A FUNÇÃO SOCIAL DO CONTRATO

rentes da personalidade, como liberdade de dispor de seus próprios direitos e, por outro lado, na imperiosa necessidade de respeitar o direito dos outros após a emanação da vontade de contratar.

[...]

A lei somente é causa da eficácia obrigatória porque assegura os efeitos legítimos que nascem da vontade comum das partes contraentes. Porém, a vontade conjunta e concordante das partes na determinação da origem e medida das obrigações convencionais não é livre de modo absoluto, mas apenas de maneira relativa. *Essa liberdade moral relativa, que se conserva no momento da formação do contrato, converte-se em necessidade jurídica no momento em que o contrato é constituído, devendo este cumprir uma função social para resguardar o organismo que é a sociedade em geral*[112] *(grifos nossos).*

Dessa forma, é possível verificar que, conforme os ensinamentos de Cimbali, o papel de controle do que é relevante para a sociedade sobre o ponto de vista de limites e balanço de poderes pelo Estado ocorre antes da formação do contrato, com leis que definem esses contornos. A função social do contrato não possui relação direta com esses contornos, mas uma relação indireta. A partir do momento que a lei admite que determinado contrato possui eficácia, pois de acordo com a vontade das partes e essa vontade respeitou os limites legais, o contrato cumpre sua função social de servir como um instrumento de liberdade do indivíduo para realizar as atividades necessárias para sua subsistência, que é tão necessária para *"resguardar o organismo que é a sociedade em geral"*[113], a função social é vista como uma face da liberdade de contratar.

Com uma visão marxista[114] sobre a função social do contrato, Karl Renner[115] distingue a função social, econômica e jurídica do contrato.

---

[112] BRANCO, Gerson Luiz Carlos. Ob. Cit. p. 57, 59, 61.

[113] BRANCO, Gerson Luiz Carlos. Ob. Cit. p. 61.

[114] Segundo a obra estudada, Renner acredita na força da lei e do direito para auxiliar na conquista do socialismo. "Renner acredita numa espécie de evolucionismo social pelo qual caminha a humanidade, onde a lei tem papel extremamente forte, por meio do chamado "decretinismo", que pode produzir efeitos similares aos de uma revolução", (Branco, Gerson Luiz Carlos...ob. cit. p. 66-67.)

[115] A menção ao pensamento de Karl Renner é importante, segundo Gerson Branco, pois este influenciou as ideias de Fábio Konder Comparato, um dos colaboradores do texto do Código Civil. BRANCO, Gerson. Ob. Cit. p. 62.

TEORIA DA BASE OBJETIVA DO NEGÓCIO JURÍDICO

Segundo o entendimento deste jurista, há uma relação entre as funções jurídico e econômica, uma vez que os instrumentos jurídicos são utilizados para alcançar determinados fins na sociedade, sendo que a função social "compreende todos os efeitos que um instituto jurídico exercita sobre a sociedade na sua complexidade, pois cada função particular se funda numa única função social"[116].

Como se pode observar pela análise das primeiras definições de função social do direito, temos pontos de vista que equilibram melhor o individual e o social, bem como pontos de vista mais voltados para o contrato como uma ferramenta de controle da sociedade. Em qualquer dessas hipóteses, entretanto, é a lei que molda quais as atividades permitidas, sem deixar um amplo espaço para subjetivismos na análise individual de cada contratação.

Entretanto, foi especificamente a obra de Enrico Cimbali[117] que influenciou as ideias de Emílio Betti, as quais, por sua vez, influenciaram o pensamento de Miguel Reale, organizador dos trabalhos do Código Civil de 2002 e redator do artigo que trata sobre a função social do contrato.

Enrico Cimbali, como visto, respeita o indivíduo e olha para o caráter social-econômico do contrato, como um meio necessário para as trocas da vida cotidiana. Importa esclarecer que o equilíbrio buscado por Enrico Cimbali em muito o distingue dos demais "socialistas jurídicos", e por esse motivo foi muito criticado por seus colegas[118]. Ele compreendia, porém, que os temas do cotidiano são bastante complexos, foi o olhar para o cotidiano e para o indivíduo que o fez chegar a esse equilíbrio essencial e entender a função social do contrato sob aspectos diferentes, compreendendo sua importância para *"instrumentalizar a troca e suprir as necessidades decorrentes da especialização das funções no processo produtivo"*[119].

---

[116] BRANCO, Gerson Luiz Carlos. Ob. Cit. p. 65

[117] BRANCO, Gerson Luiz Carlos. **Função social dos contratos: interpretação à luz do Código Civil.** São Paulo: Saraiva, 2009. p. 61-62.

[118] Judith Martins-Costa e Gerson Luiz Carlos Branco mencionam a crítica à Enrico Cimbali, especialmente a crítica feita por Paolo Grossi, que o rotula como "ingênuo materialista revolucionário". (MARTINS-COSTA, Judith. **Reflexões sobre o princípio da função social dos contratos.** Nota de rodapé 51, p. 62; BRANCO, Gerson Luiz Carlos. Ob. cit. p. 52)

[119] BRANCO, Gerson Luiz Carlos. Ob. cit. p. 52, nota de rodapé 36.

46

TEORIA DA BASE OBJETIVA E A FUNÇÃO SOCIAL DO CONTRATO

Emílio Betti igualmente entende a função social do contrato como estruturante do ordenamento jurídico, devendo observar o social, mas também respeitar a liberdade do indivíduo. Trata-se de uma visão sistêmica do direito, onde há uma complementariedade dos institutos, não uma oposição.

2.2.2. *Conceito*

Como já acima adiantado, foi o pensamento de Emílio Betti que influenciou Miguel Reale[120] e, portanto, nosso código civil como temos hoje, de modo que o conceito de função social do contrato adotado pelo presente trabalho é aquele apresentado por Emílio Betti.

A função social do contrato pode ser observada sob dois aspectos distintos na obra do autor estudado.

Primeiro sob um aspecto estruturante do direito, que também possui dois aspectos, ou duas formas ou camadas de controle: 1) afirma o autor que acontece um controle prévio da sociedade para aceitar quais são as categorias de contratos que são socialmente aceitas, esse controle é feito pela própria legislação, ao aceitar ou não determinados contratos ou determinadas causas de contratar, é o que ele chama de *"relevância político--legislativa da causa do negócio como razão da tutela jurídica"*[121], é o direito que controla a licitude do contrato e oportunidade de dar força vinculante e obrigatória, ressalta e enfatiza, entretanto, que *"o direito não dá o seu apoio ao capricho individual, mas apenas a funções dele merecedoras, segundo a sua valoração"*[122]; 2) considerando essa estrutura jurídica, não serão válidos aqueles contratos ilícitos ou que tiverem uma finalidade antissocial, para essa análise olha para o caso concreto, afinal, o preceito do negócio jurídico é a autonomia privada, que é delimitada pelo ordenamento jurídico.

Na análise do que é antissocial, o poder do juiz por um lado é amplo porque observará todo o ordenamento jurídico, observando a razão determinante *(ratio iuris)* da norma jurídica, *"entendida como a valoração*

---

[120] BRANCO, Gerson Luiz Carlos. **Função social dos contratos: interpretação à luz do Código Civil.** São Paulo: Saraiva, 2009. p. 68.
[121] BETTI, Emilio. **Teoria Geral do Negócio Jurídico. I.** Coimbra: Coimbra Editora, 1969. p. 362.
[122] BETTI, Emilio. **Teoria Geral do Negócio Jurídico. I.** Coimbra: Coimbra Editora, 1969. p. 362.

TEORIA DA BASE OBJETIVA DO NEGÓCIO JURÍDICO

normativa adoptada para a resolução do problema prático", por outro lado está limitado a esse próprio ordenamento jurídico não podendo recusar-se a aplicar a norma com base no que ele entende ser a razão da norma se, no caso concreto, através de uma interpretação objetiva, são verificados os elementos de aplicação da norma[123].

No conceito de Emílio Betti para função social, entretanto, juntamente com a estrutura social do ordenamento jurídico, que não apoia o *"capricho individual, mas apenas funções merecedoras segundo a sua valoração"*[124], o outro aspecto que se observa é a compreensão que o negócio jurídico e o contrato, como negócio jurídico por excelência, possuem em si mesmos uma função econômico social extremamente relevante para a convivência social. É nesse aspecto que Emilio Betti consegue equilibrar e fazer conviver o individual e o social.

Afirma o autor que a valoração normativa das regras que servem para regular a autonomia privada é uma valoração deduzida, uma vez que absorve a *"própria função que o tipo do negócio já desempenha na vida social*[125]*"*. Complementa sua explicação esclarecendo que *"a situação de facto contemplada pela norma e dotada de relevância jurídica, contém, ela mesma, um regulamento de interesses, que o direito reconhece e protege com a sua sanção"*[126].

Emilio Betti compreende que o negócio jurídico é um instrumento essencial da dinâmica da autonomia privada e para o convívio em sociedade, com sua especial relevância econômica, sendo necessário para a realização de trocas de bens e serviços, que ele chama de função típica do negócio.

Importa esclarecer que, por função típica do negócio não quer dizer que os contratos devem seguir um modelo rígido de modo a não aceitar o que nós chamamos hoje de contratos atípicos. Em sua explanação sobre esse ponto particular, afirma que por atividades típicas devem ser consideradas aquelas situações que decorrem das necessidades normais

---

[123] BETTI, Emilio. **Teoria Geral do Negócio Jurídico. I.** Coimbra: Coimbra Editora, 1969. p. 366-368.

[124] BETTI, Emilio. **Teoria Geral do Negócio Jurídico. I.** Coimbra: Coimbra Editora, 1969. p. 362.

[125] BETTI, Emilio. **Teoria Geral do Negócio Jurídico. I.** Coimbra: Coimbra Editora, 1969. p.369.

[126] BETTI, Emilio. **Teoria Geral do Negócio Jurídico. I.** Coimbra: Coimbra Editora, 1969. p. 369.

TEORIA DA BASE OBJETIVA E A FUNÇÃO SOCIAL DO CONTRATO

da sociedade, sob o aspecto da consciência social da época, atendendo ao disposto nos vários campos da economia, da técnica e da moral[127].

Esclarece, ainda, que *"seria um erro identificar o "não nomeado" com o "atípico", em sentido absoluto"*[128], uma vez que o reconhecimento do direito decorre de necessidades duradouras da sociedade, podendo também ser consideradas combinadas variações de tipos[129]. Pela leitura de sua obra, se observa que quando fala em tipo abstratamente aceito, chega a uma explicação próxima à de Enzo Roppo do contrato como roupagem de uma transação econômica[130] [131], o que é observável pela leitura das seguintes passagens:

> O direito – e já antes do direito, a consciência social – aprova e protege a autonomia privada, não na medida em que segue o capricho momentâneo, mas naquela em que persegue *um objetivo e típico interesse para a modificação do estado de facto e se dirige a funções sociais dignas de tutela.* Dado que, por ex., *é conveniente proteger as compras e as locações em geral,* o direito, *na esteira da consciência social, protege cada compra ou locação, qualquer que possa ser o motivo individual que, em concreto,* leva a realizá-la, salvo se sua ilicitude configura um abuso do negócio, ou um desvio dele do seu destino[132]. (grifo nosso).

[127] BETTI, Emilio. **Teoria Geral do Negócio Jurídico. I.** Coimbra: Coimbra Editora, 1969. p. 370-375.

[128] BETTI, Emilio. **Teoria Geral do Negócio Jurídico. I.** Coimbra: Coimbra Editora, 1969. p. 375.

[129] BETTI, Emílio. Ob. cit. p. 376.

[130] ROPPO, Enzo. **O contrato.** Tradução Portuguesa de: Ana Coimbra e M. Januário C. Gomes. Coimbra: Almedina, 2009. P. 11.

[131] Importa salientar que a definição de Enzo Roppo para a causa se identifica com a de Emilio Betti, reforçando essa compreensão e novamente sendo possível observar a relação entre os juristas estudados. Vale observar, nesse sentido, a seguinte passagem do texto de Roppo: *"A causa do contrato identifica-se, então, afinal, com a operação jurídico-econômica realizada tipicamente por cada contrato, com o conjunto dos resultados e dos efeitos essenciais que, tipicamente, dele derivam, com a sua função econômico-social, como frequentemente se diz. Causa de qualquer compra e venda é, assim a troca da coisa pelo preço; causa de qualquer locação é a troca entre entregas periódicas de dinheiro e concessão de uso de um bem (....). Acolhida esta noção de causa do contrato, resultam claros os nexos que a ligam ao conceito de tipo contratual".* (ROPPO, Enzo. **O contrato.** Tradução Portuguesa de: Ana Coimbra e M. Januário C. Gomes. Coimbra: Almedina, 2009. p. 197.)

[132] BETTI, Emilio. **Teoria Geral do Negócio Jurídico. I.** Coimbra: Coimbra Editora, 1969. p. 348.

TEORIA DA BASE OBJETIVA DO NEGÓCIO JURÍDICO

[...]

Isto é, não se deve tratar de interesses meramente individuais, contingentes, variáveis, contraditórios, socialmente imponderáveis *Devem, pelo contrário, ser necessidades constantes, normais, classificáveis por tipos; interesses redutíveis a tipos gerais, e, neste sentido, típicos (por ex: trocas de bens ou serviços, cooperação, gestão de negócios, crédito, acordos, beneficência, etc.)*[133] (grifo nosso).

Nessas passagens é possível observar dois importantes aspectos do seu pensamento, a compreensão de sua obra quanto da importância econômico-social do contrato por um lado e, por outro, reconhecendo essa importância, na hipótese de interferência pelo judiciário por qualquer motivo, este deve se abster de interferir no negócio realizado entre as partes, sendo que os tipos socialmente aceitos são protegidos "em geral", pois a *ratio iuris* nesse caso é recepcionada pela própria função que o tipo desempenha na sociedade.

Emilio Betti nesse aspecto identifica a função social do contrato com a própria causa ou razão do negócio. E nesse sentido, em muito o conceito de Emílio Betti faz lembrar a Teoria da Base Objetiva de Karl Larenz[134], pois em sua longa análise sobre a causa como função social do contrato, Emílio Betti observa o contrato e os contratantes no caso

---

[133] BETTI, Emílio. Ob. cit. Tomo I. p. 373.

[134] Ao observar todas as referências que Emílio Betti faz em sua obra, é possível afirmar que possui influências tanto dos demais juristas pátrios, como também da doutrina alemã e francesa, o que demonstra como o direito e a doutrina desses países europeus se conectam e se relaciona em diversos momentos. Assim, apesar de não mencionar a obra de Karl Larenz diretamente, não é possível afirmar que não foram mutuamente influenciados.

Por outro lado, e confirmando essa relação, durante as pesquisas para a elaboração desse trabalho, foi encontrado um texto clássico de autoria de Larenz que analisa a situação particular do contrato de transporte com o seguinte título "O estabelecimento de relações obrigacionais por meio de comportamento social típico", no qual cita expressamente a teoria de Betti na seguinte passagem: "É importante, como enfatizou especialmente Betti, que o comportamento social típico se encontra ainda no campo da "autonomia privada", ou seja, da liberdade do indivíduo em estabelecer suas relações de cunho jurídico. O significado social típico do seu comportamento é normalmente conhecido pelo agente". (LARENZ. Karl. **O estabelecimento de relações obrigacionais por meio de comportamento social típico (1956).** Tradução de: Alessandra Hirata. Revisão técnica de: Flávia Portella Püschel. In: Revista de Direito GV3, v.2 n.l, p. 055-064, jan-jun 2006. Disponível em: http://bibliotecadigital.fgv.br/ojs/index.php/revdireitogv/article/view/35214/34014. Acesso em: 06/06/2019. p. 60)

TEORIA DA BASE OBJETIVA E A FUNÇÃO SOCIAL DO CONTRATO

concreto, afirmando que assim como a vontade das partes por si só não são suficientes para receber a tutela jurídica do Estado, tampouco é a lei relevante sem a vontade das partes na situação concreta, criando "a necessidade de considerar a causa do negócio sob os vários aspectos, evitando-se, precisamente, uma visão unilateral e atomística"[135].

É a vontade e o interesse concretos que dão cor e ânimo à realidade, devendo o interesse determinante das partes também ser observado. Ignorar essa realidade é ter uma visão defeituosa e unilateral apenas do direito.

A análise se determinado contrato cumpre sua função social, nesse aspecto, portanto, também observa o caso concreto:

> [...] se no caso concreto se revela insubsistente, inatingível ou ilícita, pelo escopo a que se destina, a função típica do negócio, que constitui a *ratio iuris* da tutela jurídica, acaba por faltar essa mesma tutela e há lugar, pelo contrato, a um tratamento efetivamente diverso[136].

Diante do exposto, é certo que Emílio Betti tem uma visão causalista da função social do contrato. Causa, nesse caso, em seu 5º sentido apresentado por Antônio Junqueira de Azevedo, como *causa finalis* do negócio jurídico[137].

A compreensão de causa de Emílio Betti ainda se divide em duas[138] concepções: a) função econômico social do contrato como uma exigência do ordenamento jurídico e, portanto, com relevância político legislativa; e, b) como causa concreta, *"fim do negócio jurídico"*, quando associa

---

[135] BETTI, Emílio. Ob. cit. Tomo I. p. 340.

[136] BETTI, Emílio. Ob. cit. Tomo I. p. 370.

137 AZEVEDO, Antônio Junqueira de. **Negócio jurídico e Declaração Negocial: Noções gerais e formação da declaração negocial.** São Paulo: Universidade de São Paulo, 1986. p. 126-127.

[138] Ouso aqui discordar o entendimento de Antônio Junqueira de Azevedo, que afirma que causa para Emílio Betti possui apenas o caráter político legislativo. A leitura de sua obra indica que Emílio Betti olha para a causa do contrato e, consequentemente, para a sua função social sob duas perspectivas distintas, considerando também sua finalidade concreta, como acima mencionado. (AZEVEDO, Antônio Junqueira de. **Negócio jurídico e Declaração Negocial: Noções gerais e formação da declaração negocial.** São Paulo: Universidade de São Paulo, 1986. p. 128-129.)

causa com tipo socialmente aceito e observa a aplicação desse tipo no caso concreto[139].

Causa concreta, como *fim do negócio jurídico* é apontada por Antônio Junqueira de Azevedo como existente, por exemplo, na teoria da base objetiva do negócio jurídico, de Karl Larenz.

Parece correto afirmar, dessa forma, que a quebra na base objetiva do negócio jurídico corresponde à perda da função social do contrato. Nesse passo, apesar de se tratarem de autores distintos, observa-se que a teoria de Larenz é compatível e está inserida dentro da explicação de Emílio Betti para causa e função social do contrato.

2.2.3. *Função social do contrato como fundamento da teoria da base*

Compreendido o conceito de função social do Contrato, importa observar sua aplicação no artigo 421, em sua redação antiga, antes do advento da Lei nº 13.874/2019, este estabelecia que "a liberdade de contratar será exercida em razão e nos limites da função social do contrato".

Judith Martins-Costa, com base nesta redação, propõe uma divisão na forma de olhar esse artigo a qual parece bastante oportuna também para o presente trabalho[140], qual seja: a) a liberdade de contratar é o primeiro ponto trazido por esse artigo, situando-o como princípio primeiro dessa área do direito; b) limita essa liberdade, entretanto, à função social do contrato; c) apresenta a função social como fundamento intrínseco a essa mesma liberdade, e portanto, de certa forma também limitador, ao declarar que a liberdade contratual é exercida "em razão" da função social do contrato[141].

Em linha com o conceito adotado para função social, o Código Civil de 2002, ao trazer a liberdade de contratar como item primeiro quando

---

[139] AZEVEDO, Antônio Junqueira de. **Negócio jurídico e Declaração Negocial: Noções gerais e formação da declaração negocial.** São Paulo: Universidade de São Paulo, 1986. p. 128-129.

[140] A divisão sugerida é oportuna, embora o artigo redigido pela autora traga uma proposta de análise e interpretação do artigo 421 parcialmente distinta da aqui buscada. (MARTINS-COSTA, Judith. **Reflexões sobre o princípio da função social dos contratos.** In: Revista Direito GVl, v.1 n.1, p. 041-066, maio 2005. Disponível em: http://bibliotecadigital.fgv.br/ojs/index.php/revdireitogv/article/view/35261/34057. Acesso em: 06/06/2019. p. 42.)

[141] A nova redação do artigo 421, alterada pela Lei 13.874/2019, exclui do texto o "em razão", o que de maneira alguma traz benefícios à redação do artigo 421, como será visto mais adiante.

TEORIA DA BASE OBJETIVA E A FUNÇÃO SOCIAL DO CONTRATO

trata de contratos, olha para o indivíduo e demonstra o valor que o Código Civil concede a essa liberdade. A atividade de contratar pressupõe, afinal, que o sujeito seja livre para tanto, conforme ensina Kleber Luiz Zanchim[142].

Para melhor enquadrar o papel da liberdade de contratar, ainda, vale observar que Miguel Reale[143], ao falar sobre a função social do contrato sob o ponto de vista constitucional, a relaciona com a função social da propriedade e todo o arcabouço jurídico previsto dentro dos princípios gerais da atividade econômica na Constituição Federal, sendo a liberdade de contratar instrumental para assegurar o exercício da atividade econômica[144].

Judith Martins-Consta observa, contudo, que essa liberdade deve condizer com o conceito de "autonomia privada", não sendo uma liberdade absoluta, mas situada na vida em comunidade[145]. Assim, a liberdade de contratar é limitada pela função social do contrato, sendo esta a segunda parte do artigo. Nesse sentido, faço referência ao primeiro aspecto de função social do contrato, conforme estudado no conceito de Emilio Betti, como algo estrutural do direito[146]. O ordenamento jurídico

[142] Interessante notar o curioso paradoxo trazido por Kleber Zanchim, no sentido que "o valor liberdade será tanto maior quanto mais os indivíduos puderem, por meio de seus contratos, deixar de ser livres". (ZANCHIM, Kleber Luiz. **O contrato e seus valores.** In: Antônio Jorge Pereira Júnior e Gilberto Haddad Jabur. (Org.). **Direito dos Contratos II.** 1ed. São Paulo: Quartier Latin, 2008, v.1, p. 254-255.)

[143] Conforme sua explanação, sendo o contrato o principal instrumento de circulação de riquezas, imperativo que o princípio da função social da sociedade seja estendido aos contratos, em suas palavras: "Ora, a realização da função social da propriedade somente se dará se igual princípio for estendido aos contratos, cuja conclusão e exercício não interessa somente às partes contratantes, mas também a toda a coletividade". REALE, Miguel. Função Social do Contrato. Disponível em: http://www.miguelreale.com.br/artigos/artchave.htm. Acesso em: 22/03/2019. p. 1.

[144] MARTINS-COSTA, Judith. **Reflexões sobre o princípio da função social dos contratos.** In: Revista Direito GV1, v.1 n.1, p. 041-066, maio 2005. Disponível em: http://bibliotecadigital.fgv.br/ojs/index.php/revdireitogv/article/view/35261/34057. Acesso em: 06/06/2019. p. 45.

[145] MARTINS-COSTA, Judith. **Reflexões sobre o princípio da função social dos contratos.** In: Revista Direito GV1, v.1 n.1, p. 041-066, maio 2005. Disponível em: http://bibliotecadigital.fgv.br/ojs/index.php/revdireitogv/article/view/35261/34057. Acesso em: 06/06/2019. p. 43-44.

[146] Posição esta também defendida por Judith Martins-Costa, apesar do texto estudado não estar totalmente de acordo a proposta desse trabalho. Judith Martins-Costa não cita Emílio

TEORIA DA BASE OBJETIVA DO NEGÓCIO JURÍDICO

valora as situações sociais e as protege, sendo que a mesma lei que entende por oportuno proteger a atividade contratual, traz previsões que a limitam. Essa limitação, entretanto, se faz das consequências externas do contrato, que não pode ter uma finalidade ilícita ou antissocial.

Atua, nesse sentido, gerando deveres negativos, com base no ordenamento jurídico existente, dessa forma, e especialmente pensando na realidade de nosso ordenamento jurídico e considerando os poderes concedidos aos juízes, esses limites devem decorrer da própria legislação ou, ao menos dos princípios claramente defendidos pela lei e pela doutrina.

Esse papel, conforme ressalta Judith Martins-Costa, porém, não é irrelevante, ainda que limitado pelo ordenamento jurídico. Como acima estudado, ao trazer princípios como a função social do contrato para o texto do Código Civil na qualidade de cláusula geral, esse ganha um papel instrumental que possibilita ao juiz "a dar concretude à enunciação abstrata"[147], passando a dar força instrumentalizadora, por consequência, a outros princípios e casos de desvirtuamento da finalidade econômico social do contrato.

Se este fosse o único papel da função social do contrato, entretanto, não parece que seria a cláusula que trata dessa matéria tão relevante para o Código Civil, pois acaba por estar sempre acompanhada de algum outro aspecto limitante do ordenamento jurídico e que por muitas vezes, no caso concreto, ainda quando a função social do contrato era utilizada apenas como princípio previsto pela doutrina, apesar de ser mencionada a função social do contrato, o fundamento específico da decisão foram outros aspectos como o conceito de dano. No caso do Código Civil atual, o artigo que trata sobre abuso de direito, por exemplo, possui relevante aspecto de atuação ao lado da boa-fé objetiva e da função social do contrato.

Betti para falar sobre esse aspecto, mas trata da corrente que originou esse pensamento, tratando do "socialismo jurídico" acima estudado. (MARTINS-COSTA, Judith. **Reflexões sobre o princípio da função social dos contratos.** In: Revista Direito GV1, v.1 n.1, p. 041-066, maio 2005. Disponível em: http://bibliotecadigital.fgv.br/ojs/index.php/revdireitogv/article/view/35261/34057. Acesso em: 06/06/2019. p. 49).

[147] NERY, Rosa Maria Andrade; NERY JÚNIOR, Nelson. Instituições de direito civil: direito das obrigações, Vol. III. São Paulo: Editora Revista dos Tribunais, 2016. P. 52.

TEORIA DA BASE OBJETIVA E A FUNÇÃO SOCIAL DO CONTRATO

O famoso parecer de Antônio Junqueira de Azevedo[148] sobre o caso dos postos de gasolina com bandeira, para citar um exemplo real, ocorreu no decorrer do Código Civil de 1916, sendo que a função social do contrato foi observada apenas como princípio para iluminar o restante do raciocínio e chegar à conclusão alcançada, porém o dispositivo legal efetivamente utilizado foi o antigo artigo 159[149], que trata simplesmente do ato ilícito e a necessidade de reparação do dano, correspondente aos artigos 186, combinado com o artigo 927 do Código Civil de 2002[150].

Em breve síntese, na situação em análise, determinada distribuidora de combustíveis tomou conhecimento que alguns postos com a sua bandeira, ou seja, com os quais possuía contrato de exclusividade de fornecimento, estavam sendo abastecidos com combustíveis de outras distribuidoras. Com o objetivo de não amargar o relacionamento com seus parceiros comerciais, bem como considerando que o número de distribuidoras é significativamente menor que o número de postos de combustíveis que poderiam estar descumprindo a exclusividade, ao invés de acionar aqueles com os quais possuía contrato de exclusividade, acionou as outras distribuidoras que estavam vendendo combustível para postos com a sua bandeira.

Ocorre que a distribuidora que estava sendo prejudicada não possuía qualquer contrato com as demais distribuidoras, como poderia, então acioná-las com base em descumprimento contratual? Ora, esse é um caso de contratação que infringe a função social do contrato sob esse aspecto negativo-limitativo. Importa notar que o caso avaliado não apenas prejudica as distribuidoras na sua exclusividade inadimplida, mas possui efeitos em diversas outras esferas que são bastante relevantes para a sociedade. Nesse sentido, mais adiante em seu parecer, o jurista A.

---

[148] AZEVEDO, Antônio Junqueira de. **Novos Estudos e Pareceres de Direito Privado.** 1ª ed. São Paulo: Saraina, 2009. P. 137-147.

[149] CC 1916. Art. 159. Aquele que, por ação ou omissão voluntária, negligência ou imprudência, violar direito, ou causar prejuízo a outrem, fica obrigado a reparar o dano. A verificação da culpa e a avaliação da responsabilidade regulam-se pelo disposto neste Código, arts. 1.521 a 1.532 e 1.542 a 1.553. Disponível em: http://www.planalto.gov.br/ccivil_03/leis/L3071.htm.

[150] CC 2002. Art. 186. Aquele que, por ação ou omissão voluntária, negligência ou imprudência, violar direito e causar dano a outrem, ainda que exclusivamente moral, comete ato ilícito. Art. Art. 927. Aquele que, por ato ilícito (arts. 186 e 187), causar dano a outrem, fica obrigado a repará-lo.

TEORIA DA BASE OBJETIVA DO NEGÓCIO JURÍDICO

Junqueira de Azevedo ainda menciona os relevantes aspectos de concorrência desleal e o evidente desrespeito ao direito dos consumidores que, ao identificarem um posto com bandeira, confiam que o combustível adquirido corresponde ao fornecido por aquela distribuidora em questão.

Resta então analisar a última parte da divisão proposta, para observar que a liberdade de contratar ocorre **"em razão"** da função social do contrato[151]. Cabe esclarecer que o termo utilizado, também caracteriza, na realidade, uma forma de restrição à liberdade de contratar, mas agora sob outro aspecto, não apenas como se fosse um entrave a um direito absoluto, mas observando sua operacionalização para o devido funcionamento da sociedade[152]. Ou seja, a liberdade de contratar garantida pela legislação em vigor, ocorre como consequência da função social do contrato.

Quando o artigo 421 do Código Civil[153] afirma que a liberdade de contratar ocorre **"em razão"** da função social do contrato, demonstra que a função social é intrínseca ao próprio contrato, remetendo ao segundo aspecto do conceito de função social do contrato apresentado por Emílio Betti.

Temos aqui algumas importantes consequências desse entendimento. Ainda em linha com o ensinado por Emílio Betti, mas que também conversa com o papel de destaque dado à liberdade de contratar, a primeira consequência está no fato que reconhecida a importância econômico-social do contrato, sendo esta a causa e a própria função social do contrato, na analise das situações envolvendo contrato não deve o juiz interferir na lógica do negócio inicialmente realizado entre as

---

[151] De acordo com o texto antigo, uma vez que, conforme já mencionado, a Lei nº 13.874/2019 altera a redação da cláusula 421 justamente para excluir o termo "em razão".

[152] MARTINS-COSTA, Judith e BRANCO, Gerson Luiz Carlos. **Diretrizes Teóricas do novo Código Civil Brasileiro.** São Paulo: Saraiva, 2002. p. 159-160. Nas palavras destes autores: "Integrando o próprio conceito do contrato, a função social tem um peso específico, que é o de entender a eventual restrição à liberdade contratual não mais como uma "exceção" a um direito absoluto, mas como expressão da função metaindividual que integra aquele direito. Há, portanto, um valor *operativo*, regulador da disciplina contratual, que deve ser utilizado não apenas na interpretação dos contratos, mas por igual, na integração e na concretização das normas contratuais particularmente consideradas."

[153] CC 2002. Art. 421. A liberdade de contratar será exercida em razão e nos limites da função social do contrato.

TEORIA DA BASE OBJETIVA E A FUNÇÃO SOCIAL DO CONTRATO

partes, a não ser que observada alguma ilicitude ou algum vício[154] [155], ou seja, é um reconhecimento da importância que a segurança jurídica em matéria de contratos para o convívio social, permitindo o adequado planejamento das partes e confiança no acordado.

O papel do contrato na sociedade como principal instrumento de circulação de riquezas, de modo a operacionalizar toda a atividade econômica e a livre iniciativa, defendidos como princípios fundamentais na nossa Constituição Federal de 1988, reforça a necessidade de correta interpretação de como deve ser aplicada a função social do contrato para não existirem distorções que podem trazer graves consequências sociais, ainda que venham com a melhor das intenções[156]. Afinal, como já defi-

---

[154] Sobre não interferir no equilíbrio originalmente estabelecido entre as partes, Karl Larenz critica o Tribunal Alemão, afirmando que a escala de valoração de cada pessoa é diferente, tratando-se de um critério subjetivo, pois cada parte valora o contrato conforme suas próprias necessidades. (LARENZ, Karl. **Base del negocio juridico y cumplimiento del contrato.** Tradução Espanhola de: Carlos Fernández Rodríguez. Granada: Editorial Comares, 2002. p. 133).

[155] O mesmo pensamento é trazido pela obra de Enzo Roppo, que afirma que o ordenamento jurídico deve controlar apenas o quadro externo das circunstâncias do contrato. Não deve tutelar a *"intrínseca justiça da troca contratual"* e continua para afirmar que *"o direito tutela o sistema de mercado no seu conjunto, e não nos interesses particulares dos operadores singulares que agem no mercado"* e finalmente concluir que *"a indiscriminada tutela dos interesses particulares.... e concretas expectativas de lucro implicaria o perigo de prejudicar o sistema de mercado no seu conjunto"* (ROPPO, Enzo. **O contrato.** Tradução Portuguesa de: Ana Coimbra e M. Januário C. Gomes. Coimbra: Almedina, 2009. p. 224-225).

[156] Os efeitos sociais adversos que ocorrem na tentativa de defender o mais fraco podem ser observados em diversos exemplos da nossa história jurídica. Dentre esses exemplos que podem ser considerados um "tiro pela culatra", Haroldo Malheiros Duclerc Verçosa conta sobre casos de contrato de venda futura que tiveram seu preço revisto pelo judiciário e que acabou por prejudicar o financiamento de novas safras futuras pelos produtores: *"Não pode ser esquecida, ainda, a muitas vezes inafastável ocorrência de efeitos de segunda ordem na aplicação do princípio da função social do contrato, tal como já aconteceu em relação a decisões respeitantes a contratos de venda de soja, quando alguns vendedores alegaram prejuízos decorrentes da variação do preço que teria beneficiado exclusivamente os compradores. Decisões equivocadas na aplicação do princípio social do contrato anularam operações desta natureza, desobrigando os vendedores a entregarem a soja pelo preço anteriormente contratado em negócios fechados muito antes da ocorrência dos fatos que determinaram a elevação de sua cotação no mercado internacional.*
Ora, em tais contratos era costume fazer-se uma antecipação do preço, paga pelos vendedores aos compradores, de maneira que estes pudessem custear a safra vendida, a ser futuramente colhida e entregue aos últimos. Da mesma forma que gatos escaldados têm medo de água fria, os compradores de forma generalizada cancelaram tal prática, fazendo com que (efeito de segunda ordem) os vendedores tivessem que

TEORIA DA BASE OBJETIVA DO NEGÓCIO JURÍDICO

nido na clássica obra de Enzo Roppo, "o contrato é a veste jurídico-formal de operações económicas. Donde se conclui que *onde não há operação económica, não pode haver também contrato*"[157] [158].

O Supremo Tribunal do *Reich*, conforme ensina Karl Larenz, querendo buscar a melhor solução para os casos que lhe eram apresentados, também cometeu o equívoco de resolver questões com base na equidade ao invés de olhar para a própria relação contratual, o que foi bastante criticado por Larenz em momentos distintos de sua obra. A preocupação de Larenz era a segurança jurídica dos contratos, demonstrando, uma vez mais, a compatibilidade da teoria da base objetiva do negócio jurídico inclusive sob a ótica de como esse artigo se relaciona com a Constituição Federal de 1988[159].

buscar os recursos necessários ao financiamento do plantio junto ao sistema financeiro, com custo muito mais elevado e mediante a exigência da outorga de garantias aceitáveis" (VERÇOSA, Haroldo Malheiros Duclerc. **Contratos Mercantis e a Teoria Geral dos Contratos – O Código Civil de 2002 e a Crise do Contrato**. São Paulo: Quartier Latin, 2010. P. 129.)

[157] ROPPO, Enzo. **O contrato**. Tradução Portuguesa de: Ana Coimbra e M. Januário C. Gomes. Coimbra: Almedina, 2009. P. 11.

[158] Ao estudar o contrato e as diversas fontes do regulamento contratual, Enzo Roppo chega à conclusão muito similar aos autores estudados quanto à história da função social do contrato, ou seja, que as fontes que regulamentam o contrato não são algo estático e muda conforme o contexto político, social e econômico, há uma avaliação do que é socialmente relevante para a proteção jurídica do contrato. Durante essa análise, considerando a existência de uma Constituição rígida italiana na época de sua obra, em situação muito similar com a nossa nesse aspecto, chega à mesma conclusão aqui alcançada, que as limitações à liberdade contratual devem decorrer da lei. Essa conclusão decorre também do fato da liberdade contratual decorrer do exercício de outros direitos, em particular, dos direitos de iniciativa económica e de propriedade: "Do sistema destes artigos – aplicáveis à liberdade contratual na medida em que a sua violação se traduz numa lesão do direito de propriedade ou de iniciativa económica – deduz-se que a legitimidade constitucional de qualquer prescrição normativa que limite a autonomia privada, está subordinada a dois requisitos: de um ponto de vista substancial, as limitações em causa devem ser dirigidas à prossecução de "fins sociais"; de um ponto de vista formal, devem ser introduzidas através de lei (princípio da reserva de lei), uma vez que é o Parlamento – pela sua representatividade política – que se quer reservar o juízo da determinação desses "fins sociais". (ROPPO, Enzo. Ob. cit. p. 140-141)

[159] Em uma das passagens de sua obra, Larenz é bastante enfático nesse sentido: "No creemos tampoco que una jurisprudencia de equidad sirva a los intereses del tráfico negocial. Al hombre de negócios que concluyó un contrato en el que intervenga moneda extranjera le interessa saber quién há de soportar las bajas de cotización. Difícilmente comprenderá que esto depende de como repercutió el negócio en cuestión em sus condiciones económicas generales y en las del outro contratante, lo que a la postre está em manos del juez.

TEORIA DA BASE OBJETIVA E A FUNÇÃO SOCIAL DO CONTRATO

Finalmente, afirmando que a liberdade de contratar ocorre em razão do importante papel que o contrato possui na sociedade, temos que a função econômico-social de todo o negócio se identifica com o fim do negócio jurídico.

Com base nesse entendimento, e observando os esclarecimentos já apresentamos quando falamos do conceito de função social do contrato em sua segunda concepção, podemos entender que através do artigo 421 do Código Civil, quando este afirma que a liberdade de contratar ocorre em razão da função social do contrato, este artigo está admitindo a análise da causa concreta, do *"fim do negócio jurídico"*, como apresentado por Antônio Junqueira de Azevedo[160], deixando esta de ser uma lacuna no nosso ordenamento jurídico, como era na vigência do Código Civil de 1916 e admitindo, portanto, a teoria da base objetiva do negócio jurídico.

A importância dessa aplicação, conforme explanado de forma bastante clara por Antônio Junqueira de Azevedo, tem diversas e importantes funções:

a) se ilícito, é, por ele, que se pode decidir pela nulidade dos negócios jurídicos simulados, fraudulentos, etc., como já dissemos; *b) se se torna impossível, o negócio deve ser considerado ineficaz; ele explica, então algumas das situações que, há algum tempo, autores alemães vêm tentando cobrir com diversas teorias (teoria da pressuposição, de Windscheid; teoria da base do negócio, de Oertmann; teoria da base do negócio, de Larenz);* c) é ainda o fim último que explica a pós-eficácia das obrigações; d) *serve, finalmente, para interpretar corretamente o negócio concreto realizado pelos declarantes*[161]. *(grifo nosso).*

Salta, pues, a la vista que la tendência del Tribunal Supremo del *Reich* a deducir del § 242 del Código civil algo aí como uma autorización general para um amplio amparo judicial para la revisión de contratos, y a interpretar equivocadamente el princípio de la "buena fe" como remisión a uma pura jurisprudência de equidade, pone en peligro el principio ético de fidelidade al contrato y la seguridade jurídica". (LARENZ, Karl. Ob. cit. p. 134)

[160] AZEVEDO, Antônio Junqueira de. **Negócio jurídico e Declaração Negocial: Noções gerais e formação da declaração negocial.** São Paulo: Universidade de São Paulo, 1986. p. 129.

[161] AZEVEDO, Antônio Junqueira de. **Negócio jurídico e Declaração Negocial: Noções gerais e formação da declaração negocial.** São Paulo: Universidade de São Paulo, 1986. p. 129.

TEORIA DA BASE OBJETIVA DO NEGÓCIO JURÍDICO

Ora, ao observar a causa do negócio jurídico Emílio Betti ressaltava seu papel social e econômico na troca de bens e serviços não apenas de forma abstrata, mas afirmava que esta atividade deveria atender ao interesse concreto das partes, da mesma forma como Karl Larenz afirma que a base objetiva do negócio jurídico deve ser observada no conjunto das circunstâncias objetivamente observadas, segundo o significado e as intenções de ambos os contratantes.

Uma vez mais é relevante destacar como essa teoria se enquadra com bastante conforto no Código Civil de 2002, além de ser bastante condizente especialmente com a concretude defendida por Miguel Reale, pois encontrar a base objetiva do negócio jurídico depende de uma interpretação atenta da situação concreta[162].

A ausência dessa base objetiva ou da causa do contrato, ainda que posterior, com a frustração da finalidade, frustra igualmente, portanto, a função social do contrato. A possibilidade do contrato ter sua finalidade e, destarte, sua função social destruída no decorrer do contrato decorre do simples fato que o contrato não é algo estático, é uma relação dinâmica e complexa que abrange uma série de atos relacionados, que devem ser realizados de forma concomitante ou em fases, e interdependentes[163], como ensina Clóvis do Couto e Silva em sua famosa obra "A Obrigação como Processo". Cada uma das fases, entretanto, deve

---

[162] Gerson Luiz Carlos Branco chama a atenção para a concepção culturalista do pensamento de Miguel Reale e a ética da situação. Essa visão sobre o direito não se aplica apenas à função social do contrato, mas às chamadas cláusulas gerais como um todo. A lógica dessa concepção do direito é de fácil compreensão e segue na mesma linha do já analisado quanto à forma como o novo Código Civil e as cláusulas gerais foram desenhados para ser um sistema que consegue atender às demandas da sociedade no tempo. Em síntese, podemos dizer que o homem é um ser cultural, imerso em uma história e em uma sociedade a qual precisamos compreender para entender o significado e o valor de suas ações, nesse passo, a ética não é algo dado, mas algo construído e que, portanto, deve ser observada nesse contexto cultural. Esse contexto cultural, entretanto, deve ser observado dentro de elementos do próprio ordenamento jurídico, como ressalta Gerson Luiz Carlos Branco: "A ética da situação não remete a elementos externos do sistema, mas consiste em pontos de conexão intersistêmico e em mecanismos de juridificação de padrões de comportamento exigidos ética e socialmente" (BRANCO, Gerson Luiz Carlos. **Função social dos contratos: interpretação à luz do Código Civil**. São Paulo: Saraiva, 2009. P. 151-178)

[163] SILVA, Clóvis V. do Couto e. **A obrigação como processo**. 1ed. – 6. Reimpressão. Rio de Janeiro: Editora FGV, 2006. P. 20.

seguir no caminho de se concretizar o todo do contrato, como ressalta Judith Martins Costa:

> Sendo, porém, uma relação "total", as transformações que a atingem no decorrer de seu *iter* finalisticamente orientado em direção ao adimplemento devem ser reconduzidos ao conceito de "relação obrigacional", completando-o ou formando-o para que se torne *concretamente geral,* isto é, para que seja verdadeiramente dotada de uma unidade estrutural e funcional.[164]

Nesse sentido é também o ensinamento de Orlando Gomes:

> A grande vantagem da explicitação legal da função social do contrato como limite à atividade privada não está tanto no momento inicial do contrato (a isso responde a teoria das nulidades), *e sim no momento posterior, relativo ao desenvolvimento da atividade privada. (grifo nosso)*[165].

Cabe ressaltar, finalmente, que apesar de terem um entendimento um tanto diferente quanto à aplicação da função social do contrato em geral, a recepção da teoria da base objetiva do negócio jurídico através da função social do contrato é reconhecida por importantes nomes da doutrina brasileira, como Rosa Maria de Andrade Nery e Nelson Nery Junior[166] e Orlando Gomes[167], bem como foi admitida em enunciado da III Jornada de Direito Civil promovida pelo Centro de Estudos Judiciários do Conselho de Justiça Federal, que resultou na seguinte redação:

> *166 – Arts. 421 e 422 ou 113: A frustração do fim do contrato, como hipótese que não se confunde com a impossibilidade da prestação ou com a excessiva onerosidade, tem guarida no direito brasileiro pela aplicação do artigo 421 do Código Civil*[168].

---

[164] ROPPO, Judith. **Boa-fé no Direito Privado – critérios para a sua aplicação.** São Paulo: Marcial Pons, 2015. p. 213.

[165] GOMES, Orlando. **Contratos.** 26.ed. Rio de Janeiro: Forense, 2009. P. 51.

[166] NERY, Rosa Maria Andrade; NERY JÚNIOR, Nelson. **Instituições de direito civil: contratos, Vol. III.** São Paulo: Editora Revista dos Tribunais, 2016. P. 54.

[167] GOMES, Orlando. **Contratos.** 26.ed. Rio de Janeiro: Forense, 2009. P. 50-51.

[168] JORNADA DE DIREITO CIVIL. AGUIAR JR., Ruy Rosado de (Org.). Brasília: CJF, 2005. P. 58.

TEORIA DA BASE OBJETIVA DO NEGÓCIO JURÍDICO

Embora esse reconhecimento ocorra muitas vezes desacompanhado de uma explanação mais aprofundada que esclareça essa relação, a função social do contrato é aceita por juristas relevantes como base da aceitação da teoria da base objetiva do negócio jurídico no nosso ordenamento.

O enunciado 166 da III Jornada de Direito Civil, igualmente fortalece esse entendimento ao afirmar que a "frustração do fim [...] tem guarida no direito brasileiro pela aplicação do artigo 421 do Código Civil", que trata da função social do contrato. O início deste enunciado, por outro lado, reforça o que será apresentado no próximo capítulo, ao mencionar o artigo que trata da boa-fé objetiva e o artigo 113, que dispõe sobre regras de interpretação contratual, demonstrando que não é apenas por esse artigo que a aplicação da teoria estudada tem espaço, mas também sua aplicação é fortalecida por outros dispositivos da lei.

2.3. A nova redação do artigo 421

A recente aprovada Lei nº 13.874/2019, que ficou conhecida como Lei da Liberdade Econômica, dentre as diversas alterações trazidas para a legislação brasileira, faz também alterações substanciais nos artigos 421 e 113 do Código Civil de 2002.

A antiga redação do artigo 421, como já apresentado, dispunha que "a liberdade de contratar será exercida em razão e nos limites da função social do contrato". A nova redação, por sua vez, reduz o escopo do exposto no *caput*, acrescentando, por outro lado, um parágrafo único e um novo artigo 421-A, que dispõem:

Art. 421. A liberdade contratual será exercida nos limites da função social do contrato.

Parágrafo único. Nas relações contratuais privadas, prevalecerão o princípio da intervenção mínima e a excepcionalidade da revisão contratual.

Art. 421-A Os contratos civis e empresariais presumem-se paritários e simétricos até a presença de elementos concretos que justifiquem o afastamento dessa presunção, ressalvados os regimes jurídicos previstos em leis especiais, garantindo também que:

I – as partes negociantes poderão estabelecer parâmetros objetivos para a interpretação das cláusulas negociais e de seus pressupostos de revisão ou de resolução;

TEORIA DA BASE OBJETIVA E A FUNÇÃO SOCIAL DO CONTRATO

II – a alocação de riscos definida pelas partes deve ser respeitada e observada; e,

III – a revisão contratual somente ocorrerá de maneira excepcional e limitada.

O texto como um todo, não é de todo mal. Contudo, como observado neste trabalho, me parece que a alteração ao *caput* do artigo 421, ao contrário do que a lei quis se propor a defender ao ficar conhecida como "Lei da Liberdade Econômica", representa um retrocesso àquela originalmente estabelecida, inclusive nesse aspecto de "liberdade econômica".

Vale destacar que a nova redação já havia sido cogitada antes da vigência do Código Civil de 2002, são sugestões originalmente formuladas por Antônio Junqueira de Azevedo e Álvaro Villaça de Azevedo e que resultaram na proposta de alteração apresentada pelo Deputado Ricardo Fiuza, há época. A sugestão seria alterar a redação para *"liberdade contratual"* no lugar de *"liberdade de contratar"*, sendo que a limitação estaria no conteúdo do contrato e não no ato de contratar, e a exclusão do termo *"em razão" "pois a função social não é a razão para o contrato, mas sim a autonomia privada"*, sendo a função social apenas um limite ao conteúdo[169].

Além dos próprios juristas que propuseram a alteração, essa mudança na redação de "a liberdade de contratar" para "a liberdade contratual", permanecia sendo defendida por nomes como Flávio Tartuce[170] e Kleber Luiz Zanchim[171], ao afirmar que a limitação, de fato, seria à liberdade contratual, ou seja, ao texto disposto no contrato, e não à liberdade de contratar, sendo que esta estaria vinculada à dignidade da pessoa humana, ou ao valor social "ser", caracterizando a liberdade do indivíduo na vida em sociedade, como explica Kleber Zanchim[172].

---

[169] TARTUCE, Flávio. **Direito Civil 3: teoria geral dos contratos e contratos em espécie.** 8ª ed. Rio de Janeiro: Forense – São Paulo: Método, 2013. p. 61-62. Essa passagem ensinada por Flávio Tartuce é, na realidade, favorável à nova redação do artigo 421, pois tratava-se de crítica à não aceitação da alteração proposta.

[170] TARTUCE, Flávio. **Direito Civil 3: teoria geral dos contratos e contratos em espécie.** 8ª ed. Rio de Janeiro: Forense – São Paulo: Método, 2013. p. 61-62.

[171] ZANCHIM, Kleber Luiz. **O contrato e seus valores.** p. 254-256. In: Antonio Jorge Pereira Júnior e Gilberto Haddad jabur. (Org.). **Direito dos Contratos II.** 1ed. São Paulo: Quartier Latin, 2008, v.1, p. 252-272.

[172] ZANCHIM, Kleber Luiz. O contrato e seus valores. In: Antonio Jorge Pereira Júnior e Gilberto Haddad jabur. (Org.). Direito dos Contratos II. 1ed. São Paulo: Quartier Latin, 2008, v.1, p. 254-256.

TEORIA DA BASE OBJETIVA DO NEGÓCIO JURÍDICO

A crítica, contudo, não é unânime, defendendo outro ponto de vista temos juristas como Gerson Luiz Carlos Branco[173] e Judith Martins Costa[174]. Conforme esclarecido por Gerson Luiz Carlos Branco, não condiz com o espírito da norma e o contexto histórico da nossa legislação, limitar o texto com a redação "liberdade contratual", como se estivesse tratando apenas sobre a liberdade de estipulação dos termos do contrato. Ao tratar sobre a liberdade de contratar, o artigo 421 não queria limitar apenas a liberdade de estipulação de cláusulas, trata-se de um artigo amplo, com características de princípio, abrange tanto a própria liberdade de contratar, que não é absoluta, como quer fazer parecer alguns juristas, como a liberdade de estipulação dos termos do contrato[175].

A mudança mais importante para este trabalho contudo, por razões já amplamente demonstrada, é alteração do texto para retirar a expressão "em razão". Equivocada, a meu ver, a alteração realizada.

Quando a redação antiga fazia a previsão que a liberdade de contratar deveria ser exercida em razão da função social do contrato, trazia para o texto da lei uma interdependência entre a função social do contrato e a liberdade de contratar que representa a importância do contrato para a nossa sociedade, como ferramenta para trocas. A função social do contrato não deve ser vista apenas como limite, mas como próprio fundamento intrínseco da liberdade de contratar.

---

[173] BRANCO, Gerson Luiz Carlos. **Função social dos contratos: interpretação à luz do Código Civil.** São Paulo: Saraiva, 2009. p. 230-241.

[174] MARTINS-COSTA, Judith. O método da concreção e a interpretação dos contratos: primeiras notas de uma leitura suscitada pelo Código Civil. In: Giovanni Ettore Nanni (Coord.). *Temas Relevantes do Direito Civil Contemporâneo: reflexões sobre os cinco anos do Código civil.* São Paulo: Atlas, 2008.p. 43-47. A autora fala em uma liberdade situada, que se exerce na vida em sociedade.

[175] BRANCO, Gerson Luiz Carlos. **Função social dos contratos: interpretação à luz do Código Civil.** São Paulo: Saraiva, 2009. p. 230-241. Em seu livro Gerson Luiz Carlos Branco dá exemplos de serviços essenciais, por exemplo, nos quais as partes não possuem a "plena" liberdade de contratar, sendo o prestador dos serviços obrigado a presta-los a quem quer que seja, dentre outras situações que a própria liberdade de contratar, quando vista em um contexto amplo, é limitada e não apenas a liberdade contratual. Cabe lembrar que os contratos são muitas vezes firmados com pessoas jurídicas que por vezes podem ser bastante reguladas a depender do serviço prestado, sendo que essa regulamentação diferenciada por vezes visa proteger a dignidade da pessoa que contrata, não havendo o que se falar em dignidade da pessoa humana da pessoa jurídica prestadora desses serviços.

TEORIA DA BASE OBJETIVA E A FUNÇÃO SOCIAL DO CONTRATO

O reconhecimento dessa importância trazia para o artigo 421 dois aspectos que deveriam ser observados, por um lado, o respeito que as partes deveriam ter ao que foi de fato contratado, fazendo deste artigo a porta de entrada para a teoria de Larenz, demonstrando o respeito que as partes devem ter pela finalidade do contrato e do que foi contratado, respeitado o seu equilíbrio inicial que foi desenhado com um propósito específico, protegido pela legislação, em razão de sua importância social.

Olhando sob um segundo ponto de vista, ao reconhecer que a liberdade de contratar ocorre em razão da função social do contrato, ou seja, que o contrato é algo tão importante para a vida em sociedade que, por esse motivo[176] é reconhecida a liberdade de contratar, devendo ser preservada e respeitada, esse artigo também trazia uma limitação à sua interpretação. O contrato, com a sua importância para a sociedade, deve ter o seu equilíbrio mantido. Qualquer hipótese de revisão contratual, portanto, deve observar e respeitar o que foi originalmente contratado pelas partes.

Ao retirar do texto o termo em razão, faz parecer que a função social do contrato é mero limite à liberdade de contratar, essa limitação, entretanto, já é devidamente trazida por todo o ordenamento jurídico, com uma legislação que temos bastante restritiva. Como trazido por Judith Martins-Costa, em texto escrito antes da alteração da lei, apesar de ainda ter um papel relevante, perde sua principal funcionalidade:

> É de se convir, no entanto, que, se a esse papel de "previsão de limite externo negativo" se resumisse o princípio da função social do contrato, o art. 421 seria virtualmente inútil, uma vez que o exame de casos já decididos pela jurisprudência demonstra que, ou as hipóteses já estão apanhadas pela regra do art. 187 do Código Civil (consagradora da ilicitude de meios), ou não se trata de caso de incidência do princípio da função social, mas hipóteses de interpretação favorável ao aderente, integração segundo a boa-fé, ou casos já regulados em leis especiais, como o Código de Defesa do Consumidor ou o Estatuto da Terra.

Judith Martins-Costa encerra a observação acima introduzindo nova parte do seu texto, onde trata justamente do "em razão", afirmando que

---

[176] Dentre outros, obviamente.

TEORIA DA BASE OBJETIVA DO NEGÓCIO JURÍDICO

é nesta parte específica que o texto da lei encontra sua voz própria e específica. Foi essa voz própria e específica que o legislador acabou por suprimir ao realizar a alteração no texto do artigo 421.

Parece que sem entender ao certo o que acabara de alterar, e certamente sem compreender todos os reflexos que aquele pequeno "em razão" representava para o texto do artigo 421, o legislador então adiciona um parágrafo único para reafirmar os princípios contratuais da intervenção mínima e da excepcionalidade da revisão contratual. Ora, todas as hipóteses de revisão contratual previstas no Código Civil, inclusive a hipótese de perda da finalidade do contrato são excepcionalidades. Quanto à intervenção mínima, entender que a função social do contrato e a liberdade de contratar estão intrinsecamente ligadas, já é limitação à intervenção, que deve respeitar o equilíbrio estabelecido pelas partes.

Assim, o novo parágrafo único, quer reafirmar princípios que não foram deixados de lado pela legislação atual como um todo e que já estavam de certa forma contidos dentro do artigo 421 do Código Civil, porém deixando de lado outros aspectos verificados na redação original deste artigo.

A flexibilização dos princípios da intervenção mínima e da excepcionalidade da revisão contratual não decorrem da função social do contrato ou apenas da função social do contrato, mas do contexto do nosso código civil e do contexto de sociedade em que vivemos, com tantas mudanças e novas situações que exigem a interpretação das situações conforme o contexto.

Igualmente ao que ocorre com o parágrafo único do artigo 421, o novo 421-A quer fortalecer princípios que na realidade já existem e não ficarão mais fortalecidos pela redação proposta. Como quem quer fortalecer seu ponto de vista apenas pela repetição e falando "mais alto", o artigo 421-A também não traz novidades reais para o Código Civil.

O item que parece ser mais relevante aqui seria o disposto no item II, que determina que a alocação de riscos pelas partes deve ser respeitada. A atenção a este inciso não se dá por trazer uma novidade ao texto, mas por trazer de volta aspectos do artigo 421 que foram excluídos quando da retirada do termo "em razão".

O inciso I, igualmente sem grandes novidades, afirma que as partes podem estabelecer parâmetros objetivos para a interpretação das cláusulas negociais e de seus pressupostos de revisão ou resolução. Ora, a legislação anterior não impedia essa determinação anteriormente, apenas não era possível, como ainda não o é, o estabelecimento de parâmetros que prejudiquem normas cogentes, não pode, por exemplo, um contrato por adesão ainda determinar que as regras da contratação serão interpretadas de forma mais benéfica para quem as redigiu. Parece que se trata mais de uma recomendação, para que as partes deixem seus contratos o mais claro possível, inclusive demonstrando como deve ser interpretado, que uma novidade da recém-criada legislação.

Por fim, o item III, repete o disposto novo parágrafo único do artigo 421, querendo repetir algo que já é a realidade do nosso ordenamento, ou seja, a excepcionalidade da revisão contratual.

Equivocadas portanto as alterações introduzidas pela Lei nº 13.874/2019 no que tange o *caput* do artigo 421, um verdadeiro passo para trás na evolução da nossa legislação. Resta ver como os tribunais pátrios se comportarão diante do novo texto. Se bem compreendido o contexto do código civil de 2002, não devemos observar mudanças substanciais, contudo, a aparente severidade do novo texto pode trazer maiores dificuldades para as hipóteses de revisão contratual. Só o tempo dirá. Não obstante retirar a alma do artigo 421, enfraquecendo-o e esvaziando seu sentido, que seria a porta de entrada da teoria de Larenz na legislação cível, como já esclarecido no capítulo 2.1, apesar de ser possível identificar uma porta de entrada clara, a teoria da base objetiva do negócio jurídico cabe dentro de todo o contexto do Código Civil de 2002, justificada igualmente pelo artigo 422, da boa-fé objetiva e pela observância às regras de interpretação contratual dos artigos 112 e 113.

Embora injustificadamente enfraquecida pela alteração do artigo 421, sua aplicação permanece como consequência de uma interpretação integrada do Código Civil de 2002, além de estar inserido como princípio do direito contratual, enraizado no nosso direito e que não pode ser ignorado. Se, por um lado enfraquecida a tese da "porta de entrada" pelo artigo 421, por outro lado, o artigo 113 recebeu novos parágrafos que reforçam a entrada dessa teoria pelas regras de interpretação contratual, como será adiante melhor abordado[177], sendo este conhecido

---

[177] Art. 113. Parágrafo Primeiro. A interpretação do negócio jurídico deve lhe atribuir o sentido que: I – for confirmado pelo comportamento das partes posterior à celebração do negó-

TEORIA DA BASE OBJETIVA DO NEGÓCIO JURÍDICO

como o artigo que trata da função interpretativa-integradora da boa-fé objetiva, fortalece-se esta como porta de entrada da teoria de Larenz[178].

cio; II – corresponder aos usos, costumes e práticas do mercado relativas ao tipo de negócio; III – corresponder à boa-fé; IV – for mais benéfico à parte que não redigiu o dispositivo, se identificável; e, V – corresponder a qual seria a razoável negociação das partes sobre a questão discutida, inferida das demais disposições do negócio e da racionalidade econômica das partes, consideradas as informações disponíveis no momento de sua celebração. Parágrafo Segundo. As partes poderão livremente pactuar regras de interpretação de preenchimento de lacunas e de integração dos negócios jurídicos diversas daquelas previstas em lei.

[178] Uma questão que se apresenta, contudo, mas que seria objeto de um novo trabalho, são as consequências processuais e consequências práticas de se retirar dessa teoria a força que lhe fornece uma cláusula geral com força de "matéria de ordem pública" e passá-la para o âmbito de uma regra de interpretação contratual.

3. Outros Institutos que Fundamentam a Teoria da Base

Não é apenas através da cláusula da função social do contrato que a teoria da base do negócio jurídico é recepcionada pelo Código Civil de 2002. Conforme acima já afirmado, há outros dispositivos no Código Civil que ratificam e reforçam esse entendimento.

Dessa forma, podemos dizer que ela é recepcionada pela função social do contrato, uma vez que este artigo possui verdadeira função instrumental[179], com a possibilidade de ser adotado diretamente como fundamento de eventual processo judicial, porém recebe forte suporte, sendo positivamente ratificada e amparada pelas regras de interpretação contratual previstas nos artigos 112 e 113 do Código Civil de 2002[180]-[181].

O Código Civil de 2002, ademais, foi desenhado para ser um sistema integrado, o qual deve ser lido em seu conjunto, sendo que os artigos 112, 113, sobre interpretação contratual, o artigo 421, sobre a função social do contrato, e o artigo 422, que trata da boa-fé objetiva na relação contratual, podem e devem ser lidos de forma sistêmica e complementar. Não se pode negar, outrossim, a influência que a boa-fé objetiva

---

[179] A instrumentalidade do artigo 421 pode ser suprida pelo disposto na cláusula geral da boa-fé objetiva. Embora esta seja mais ampla e não possua a especificidade que o artigo 421 apresentava, foi com fundamento na boa-fé objetiva que as primeiras decisões dos tribunais alemães aplicaram a teoria da base objetiva do negócio jurídico.

[180] Lei 10.406/2002. Art. 112. Nas declarações de vontade se atenderá mais à intenção nelas consubstanciada do que ao sentido literal da linguagem. Art. 113. Os negócios jurídicos devem ser interpretados conforme a boa-fé e os usos do lugar de sua celebração.

[181] Conforme redação anterior ao advento da Lei nº 13.875/2019.

TEORIA DA BASE OBJETIVA DO NEGÓCIO JURÍDICO

tem nessa questão, afinal, conforme ensinam Rosa e Nelson Nery, que *"a doutrina alemã é uníssona em afirmar que a teoria da base objetiva do negócio jurídico tem sua origem no fundamento do princípio da boa-fé objetiva"*[182]. Fato é que, para esses autores, a boa-fé objetiva decorre da função social do contrato[183]. Igualmente, cabe lembrar que o Supremo Tribunal do *Reich* justificou muitas decisões que hoje são consideradas como quebra da base objetiva do negócio jurídico, no desrespeito à boa-fé objetiva[184].

3.1. A interpretação contratual

Olhar para as circunstâncias para poder entender a norma como uma situação conjunta e que não existe de forma independente, ocorre como uma consequência da revolução da teoria hermenêutica que deixa de ver interpretação e aplicação como momentos distintos, para entender a norma em seu contexto, como ensina Judith Martins-Costa:

> Entende-se, hoje em dia, serem *inseparáveis* o momento hermenêutico e o momento normativo, vindo este último distinto, por sua vez, do momento positivo, ou momento de posição do texto normativo. Além do mais, *norma* e *texto normativo* não indicam a mesma realidade jurídica: este (o texto) é objeto da interpretação, aquela (a norma jurídica, legal ou contratual) é o resultado da interpretação, razão pela qual se afirma que as normas não "existem" como entidade verdadeiramente normativa antes do momento da interpretação, que é sempre contextual, [....][185]

Importa esclarecer que quando falamos em interpretação normativa, não se entende apenas do texto legal, mas também das normas contratuais, afinal, o contrato faz lei entre as partes, sendo o seu texto também texto normativo. Mas se a interpretação do texto da lei já é complexa,

---

[182] NERY, Rosa Maria Andrade; NERY JÚNIOR, Nelson. **Instituições de direito civil: direito das obrigações, Vol. II.** São Paulo: Editora Revista dos Tribunais, 2015. p. 107, rodapé.

[183] NERY, Rosa Maria Andrade; NERY JÚNIOR, Nelson. **Instituições de direito civil: direito das obrigações, Vol. II.** São Paulo: Editora Revista dos Tribunais, 2015. p. 54.

[184] LARENZ, Karl. Ob. cit. p. 126 (apenas a título de exemplo, dentre outras decisões citadas em toda a obra).

[185] MARTINS-COSTA, Judith. **O método da concreção e a interpretação dos contratos: primeiras notas de uma leitura suscitada pelo Código Civil.** In: Revista Brasileira de Direito Comparado. p. 136-137 (destaques no original).

OUTROS INSTITUTOS QUE FUNDAMENTAM A TEORIA DA BASE

a interpretação contratual mostra-se ainda mais complexa, pois há um entrelaçamento entre o estabelecido no texto legal e a autonomia privada[186].

O contrato, ademais, não se resume ao instrumento que o representa, não é algo estático, mas deve ser percebido em perspectiva dinâmica, como um processo, sendo que esse processo deve ser considerado pelo intérprete e refletido no resultado de sua interpretação. O processo de interpretar deve, portanto, apreciar cada uma das fases do processo de contratar, sendo que uma possui profunda influência na outra, como ensinam Kleber Luiz Zanchim e Paulo Dorón Rehder de Araújo, que finalizam sua explanação sobre esses processos apresentando pequena síntese:

> Vê-se, portanto, que, para o processo de interpretar, as etapas do processo de contratar condicionam umas às outras sequencialmente: tratativas condicionam a conclusão, e ambas condicionam a execução do contrato. A interpretação toma tudo como um fenômeno complexo que congrega texto e contexto para a definição de um sentido ao que foi contratado. Tendo em conta esse condicionamento sucessivo, a etapa das tratativas surge como decisiva para o contrato "interpretado": ela é o "cesto" que contém os parâmetros iniciais em que o intérprete se pautará para julgar a existência, a validade e a eficácia das avenças[187].

Os dois principais artigos sobre interpretação contratual que conversam com este trabalho são os artigos 112 e 113 do Código Civil de 2002[188]. Estes artigos trazem a possibilidade de análise das circunstâncias nas quais foram estabelecidas o negócio jurídico, ainda quando não escrito de forma expressa no corpo do texto, sendo, portanto, artigos

---

[186] MARTINS-COSTA, Judith. MARTINS-COSTA, Judith. **O método da concreção e a interpretação dos contratos: primeiras notas de uma leitura suscitada pelo Código Civil.** In: Revista Brasileira de Direito Comparado. p. 139-141.

[187] ARAUJO, Paulo Dóron Rehder de; ZANCHIM, Kleber Luiz. Interpretação contratual: o problema e o processo. In: Wanderley Fernandes. (Org.). **Contratos Empresariais: fundamentos e princípios dos contratos empresariais.** São Paulo: Saraiva, 2007, p. 171.

[188] Art. 112 – Nas declarações de vontade se atenderá mais à intenção nelas consubstanciada do que ao sentido literal da linguagem. Art. 113 – Os negócios jurídicos devem ser interpretados conforme a boa-fé e os usos e costumes do lugar de sua celebração.

TEORIA DA BASE OBJETIVA DO NEGÓCIO JURÍDICO

essenciais para a compreensão da base objetiva do negócio jurídico e confirmadores da aceitação dessa teoria pelo legislador do Código Civil de 2002.

Cabe salientar que a escolha de determinados critérios hermenêuticos para compor o ordenamento jurídico, assim como o restante do texto normativo, não é resultado do acaso, mas sim uma escolha política do legislador[189]. Não é para menos, as regras de interpretação podem mudar completamente a direção do texto, sendo que esta escolha específica de artigos demonstra a escolha do legislador por olhar para todas as circunstâncias do contrato, devendo as partes e o intérprete observar a base objetiva do negócio jurídico.

Ao observar as escolhas políticas realizadas pelo legislador do Código Civil de 2002, vemos a coerência com que o raciocínio aqui apresentado se desenvolve, pois aqui novamente podemos encontrar traços de influência da doutrina alemã e italiana, para formarmos o nosso próprio direito.

Primeiramente cumpre notar que o jurista responsável pela redação da Parte Geral do Código Civil foi José Carlos Moreira Alves, estudioso do direito alemão e de seus institutos, recepcionando o direito alemão em diversos temas na parte geral do código[190]. Contudo, não se pode dizer que apenas o pensamento alemão inspirou José Carlos Moreira Alves, sendo que em seus textos é possível observar também forte influência da doutrina italiana, que, na realidade, acaba por ser consequência de seus estudos sobre direito romano, seus textos possuem menção tanto a Larenz como a Betti[191].

Assim, se por um lado inserimos a boa-fé objetiva no nosso Código Civil, seguindo o BGB alemão, Kleber Luiz Zanchim e Paulo Dórón

---

[189] ARAUJO, Paulo Dórón Rehder de; ZANCHIM, Kleber Luiz. Interpretação contratual: o problema e o processo. In: Wanderley Fernandes. (Org.). **Contratos Empresariais: fundamentos e princípios dos contratos empresariais.** São Paulo: Saraiva, 2007, p. 186.

[190] RODRIGUES JR., Otavio Luiz. **A influência do BGB e da doutrina alemã no Direito Civil brasileiro do século XX.** Disponível em: http://www.direitocontemporaneo.com/wp-content/uploads/2014/01/RODRIGUESJR-A-influencia-do-BGB-e-da-doutrina-no-Direito-Civil-brasileiro-do-seculo-XX-O-Direito.pdf. Acesso em: 07/06/2019. p. 84.

[191] ALVES, José Carlos Moreira. **O novo Código Civil brasileiro: principais inovações na disciplina do negócio jurídico e suas bases romanísticas.** Disponível em: http://www.dirittoestoria.it/5/Tradizione-Romana/Moreira-Alves-Codigo-civil-brasileiro-Negocio-juridico.htm. Acesso em: 11/06/2019. p. 13.

OUTROS INSTITUTOS QUE FUNDAMENTAM A TEORIA DA BASE

Rehder de Araújo esclarecem que o processo interpretativo como um todo é baseado na proposta de Betti, que divide a interpretação em duas fases: i) primeira fase chamada de recognitiva, busca compreender a real vontade declarada pelas partes, observando texto e contexto de forma profunda a fim de reconstruir o que foi realmente acordado; e ii) fase integrativa, considerando o acordado, observa-se o momento atual do contrato e a atitude das partes frente a esse momento, e envolve a correção de excessos, omissões, obscuridades e contradições aparentes[192].

Os artigos 112 e 113 se complementam no processo interpretativo, primeiro observa-se o objeto, buscando seu real sentido e, em seguida, observa-se o momento da interpretação. Essa era a regra proposta pelos quatro cânones interpretativos de Emílo Betti, os dois primeiros, abrangidos pelo artigo 112, propõem o olhar para o objeto a ser interpretado livre de preconceitos do intérprete e observando o contexto e a integralidade do objeto interpretado, e os dois segundos cânones, abrangidos pelo artigo 113, observam a atualidade e adequação desse entendimento[193].

O artigo 112 do Código Civil determina que *"nas declarações de vontade se atenderá mais à intenção nelas consubstanciada do que ao sentido literal da linguagem".* O legislador orienta o intérprete, portanto, a observar mais a intenção consubstanciada nas declarações de vontade que o disposto no sentido literal do texto, o qual certamente não deve ser ignorado, mas é apenas um primeiro passo para a interpretação, não se resumindo à interpretação literal, mas devendo o intérprete observar o seu contexto a fim de entender o real sentido do que foi acordado.

Esse entendimento de olhar para o texto e contexto do contrato, condiz igualmente com as explicações de Karl Larenz sobre interpretação contratual, que assim também entende afirmando que *la interpretación de un contrato no depende, pues, exclusivamente de las palabras usadas y de su significación inteligible para las partes, sino también de las circunstancias*

---

[192] ARAUJO, Paulo Dóron Rehder de; ZANCHIM, Kleber Luiz. Interpretação contratual: o problema e o processo. In: Wanderley Fernandes. (Org.). **Contratos Empresariais: fundamentos e princípios dos contratos empresariais.** São Paulo: Saraiva, 2007, p. 187-188.

[193] ARAUJO, Paulo Dóron Rehder de; ZANCHIM, Kleber Luiz. Interpretação contratual: o problema e o processo. In: Wanderley Fernandes. (Org.). **Contratos Empresariais: fundamentos e princípios dos contratos empresariais.** São Paulo: Saraiva, 2007, p. 187-188.

TEORIA DA BASE OBJETIVA DO NEGÓCIO JURÍDICO

em las que fue concluído y a las que aquéllas se acomodaron[194]. Encontrar a intenção objetivamente consubstanciada no contrato é, afinal, o principal ponto para identificar a base objetiva do negócio jurídico, sendo este o primeiro passo para a aplicação das consequências adequadas caso esta seja rompida por algum motivo.

Quanto ao sentido do artigo 112, cabe observar a explanação de Francisco Paulo de Crescenzo Marino:

> O aludido artigo determina ao intérprete que não se prenda comodamente ao primeiro e mais óbvio dos meios interpretativos disponíveis – o sentido literal da linguagem – examinando, ao contrário o conjunto dos meios interpretativos passíveis de consideração no caso concreto. Assim se explica como o dispositivo contraponha um critério (o "critério da intenção") a um meio (o sentido literal). Na verdade, o "critério da intenção" traduz-se na necessidade de examinar a totalidade do material interpretativo, e é com esse sentido que pode ser contraposto à literalidade da linguagem[195].

A redação do artigo 112 do Código Civil de 2002 não é muito distinta da redação do artigo 85 do Código Civil de 1916, porém possui uma diferença importante no tocante à busca pela base objetiva do negócio jurídico. O texto do artigo 85 trazia a seguinte redação: *"Art. 85. Nas declarações de vontade se atenderá mais à sua intenção que ao sentido literal da linguagem"*. Este texto, conforme apontado por Francisco Paulo de Crescenzo Marino trazia uma ambiguidade, sendo possível duas interpretações: a) intenção do declarante; e b) intenção do declarante, consubstanciada na declaração negocial.

O artigo 112, com a singela inclusão da redação *"nelas consubstanciada"* acaba com essa ambiguidade, seguindo a doutrina dominante na época, fazendo jus à objetividade necessária no momento da interpretação[196]. Chega-se, uma vez mais, à base objetiva do negócio jurídico, sendo esta

---

[194] LARENZ, Karl. **Base del negocio juridico y cumplimiento del contrato.** Tradução Espanhola de: Carlos Fernández Rodríguez. Granada: Editorial Comares, 2002. p. 91.

[195] MARINO, Francisco Paulo de Crescenzo. **Interpretação do Negócio Jurídico.** 6. ed. São Paulo: Saraiva, 2011. p. 254.

[196] MARINO, Francisco Paulo de Crescenzo. **Interpretação do Negócio Jurídico.** 6. ed. São Paulo: Saraiva, 2011. p. 255-259.

OUTROS INSTITUTOS QUE FUNDAMENTAM A TEORIA DA BASE

base buscada e protegida pela legislação. A base objetiva do negócio jurídico, explicada por Larenz, está no conjunto de circunstâncias e estado geral de coisas objetivamente aferíveis, que dão substância ao contrato segundo as intenções de ambos os contratantes.

Ao esclarecer a aplicação do artigo 112, a mesma vontade comum declarada é trazida por Kleber Luiz Zanchim e Paulo Dóron Rehder de Araújo:

> O objetivo é a reconstrução da vontade das partes, o que demanda do intérprete atenção e cuidado especiais. Não basta saber o que foi querido pela parte, mas sim o que foi efetivamente declarado. (...)
>
> Já vimos que os contratos são formados pela conjugação de (no mínimo) duas declarações de vontade: oferta e aceitação. Dessa forma, há que buscar a intenção consubstanciada no conjunto formado pelas duas declarações emanadas, razão pela qual se fala tanto, em matéria de interpretação contratual, da necessidade da busca da "vontade comum".
>
> Essa vontade há de ser procurada primeiramente no próprio conteúdo do contrato, ou seja, em seu texto mediante a análise lógico-gramatical dos enunciados que ali se encontram, passando-se, posteriormente, à sua conjugação com o todo contratual (*espiral hermenêutico*) para daí se lhe extrair o sentido. Trata-se do famoso jogo de texto e contexto[197].

Outro aspecto que deve ser considerado para estabelecer a vontade comum declarada das partes é o que Francisco Marino chama de "pontos de relevância hermenêutica"[198], que pode ser entendido como "*o ponto de vista, a ótica mediante a qual deva ser compreendido o ato ou o contrato*"[199]. Identificar o ponto de relevância hermenêutica significa entender a importância que a legislação dá a determinada situação e como essa situação é tratada.

---

[197] ARAUJO, Paulo Dóron Rehder de; ZANCHIM, Kleber Luiz. Interpretação contratual: o problema e o processo. In: Wanderley Fernandes. (Org.). **Contratos Empresariais: fundamentos e princípios dos contratos empresariais.** São Paulo: Saraiva, 2007, p. 188.

[198] MARINO, Francisco Paulo de Crescenzo. **Interpretação do Negócio Jurídico.** 6. ed. São Paulo: Saraiva, 2011. p. 245.

[199] ARAUJO, Paulo Dóron Rehder de; ZANCHIM, Kleber Luiz. Interpretação contratual: o problema e o processo. In: Wanderley Fernandes. (Org.). **Contratos Empresariais: fundamentos e princípios dos contratos empresariais.** São Paulo: Saraiva, 2007, p. 189.

TEORIA DA BASE OBJETIVA DO NEGÓCIO JURÍDICO

A compreensão do ponto de relevância é outro fator essencial para a compreensão do contexto no qual determinada contratação é realizada e, portanto, para compreender a base objetiva de determinado negócio jurídico. Significa dizer, afinal, que a interpretação de um testamento partirá de premissas distintas dos negócios bilaterais *inter vivos*, ou que contratos empresariais devem ser interpretados de forma diversa e possuem obrigações laterais distintas dos contratos de consumo. O comportamento de um consumidor, suas expectativas, a legislação na qual se baseia, são diferentes do comportamento, expectativas e legislação aplicáveis a um administrador no papel de representante de uma pessoa jurídica.

Esse ponto de relevância hermenêutica, se voltarmos à lição da Judith Martins-Costa, representa o ponto de entrelaçamento entre autonomia privada e o texto legal, devendo a interpretação contratual atuar conforme a sua posição dentro do ordenamento jurídico[200].

Compreendido o objeto contratual, finalizada a fase recognitiva, tem-se início a fase integrativa, com a aplicação do artigo 113 do Código Civil. O artigo 113 do Código Civil é usualmente estudado juntamente com o estudo das funções da boa-fé objetiva como inclusive é feito neste trabalho, mais adiante. Entretanto, a combinação deste com o artigo 112 é importante para a compreensão do processo interpretativo e de como a união destes estabelece a busca pela base objetiva do negócio jurídico e a orientação pela sua manutenção.

Os negócios jurídicos devem ser interpretados conforme a boa-fé e os usos do lugar de sua celebração, ou seja, depreendido o sentido do acordado ou a base objetiva do negócio jurídico, o intérprete volta-se para o momento da interpretação e para atuação das partes até aquele momento para verificar se atenderam os preceitos da boa-fé objetiva, agindo com lealdade e confiança no decorrer do processo contratual.

Claro que, assim como no momento de compreender a base objetiva do negócio jurídico observou-se o ponto de relevância hermenêutica do contrato para compreender seu contexto, expectativas e regras aplicáveis, o mesmo ocorre quando se observa a postura das partes e a expec-

---

[200] MARTINS-COSTA, Judith. MARTINS-COSTA, Judith. **O método da concreção e a interpretação dos contratos: primeiras notas de uma leitura suscitada pelo Código Civil.** In: Revista Brasileira de Direito Comparado.

OUTROS INSTITUTOS QUE FUNDAMENTAM A TEORIA DA BASE

tativa decorrentes dos usos, sendo que parâmetros distintos de comportamento e expectativa serão utilizados conforme o contrato celebrado.

Considerando o que se espera objetivamente das situações e das pessoas que interagem com determinada situação, pela aplicação do artigo 113, integra-se o contrato em seus pontos omissos, bem como se corrigem de excessos, obscuridades e contradições aparentes[201]. Ora, essas correções de percurso, nada mais são que a busca pela manutenção do que foi efetivamente contratado, conforme constatado quando da aplicação do artigo 112, o que demonstra a inclinação clara de nossa legislação para o reconhecimento da importância da manutenção da base objetiva do negócio jurídico.

As alterações trazidas pela Lei nº 13.874/2019 fortalecem o papel da interpretação contratual e especificamente do artigo 113 na aplicação da teoria da base objetiva do negócio jurídico, ao inserir dois novos parágrafos que esclarecem e complementam o seu significado, vejamos:

> Art. 113. Os negócios jurídicos devem ser interpretados conforme a boa-fé e os usos do lugar de sua celebração.
>
> § 1º A interpretação do negócio jurídico deve lhe atribuir o sentido que: (Incluído pela Lei nº 13.874, de 2019);
>
> I – for confirmado pelo comportamento das partes posterior à celebração do negócio; (Incluído pela Lei nº 13.874, de 2019);

---

[201] José Carlos Moreira Alves, autor da parte geral do código civil, aponta as principais inovações trazidas pelo código civil de 2002, na parte geral, dentre as quais faz menção ao artigo 113 como regra de interpretação que consagra a boa-fé objetiva nesse quesito e seu caráter de regra hermenêutica ora integradora, ora limitadora. *"Boa-fé, nesse dispositivo, não é a boa-fé subjetiva, mas, sim, a boa-fé objetiva, que se situa no terreno das relações obrigacionais e do negócio jurídico em geral, e se caracteriza como regra de reta conduta do homem de bem no entendimento de uma sociedade em certo momento histórico, não se fundando, pois, na vontade das partes, mas se ligando a deveres secundários ou instrumentais cuja observância nessas relações se exige. É, portanto, algo exterior ao sujeito, e que, no concernente à interpretação, se relaciona ora com a hermenêutica integradora, ora com a hermenêutica limitadora, possibilitando, assim, que o conteúdo do negócio jurídico seja integrado ou limitado por esses deveres, como, por exemplo, o dever do vendedor de tudo fazer para que a coisa vendida seja entregue ao comprador e chegue íntegra a este."* (ALVES, José Carlos Moreira. **O novo Código Civil brasileiro: principais inovações na disciplina do negócio jurídico e suas bases romanísticas.** Disponível em: http://www.dirittoestoria.it/5/Tradizione-Romana/Moreira-Alves-Codigo-civil-brasileiro-Negocio-juridico.htm. Acesso em: 11/06/2019. p. 4)

TEORIA DA BASE OBJETIVA DO NEGÓCIO JURÍDICO

II – corresponder aos usos, costumes e práticas do mercado relativas ao tipo de negócio; (Incluído pela Lei nº 13.874, de 2019);

III – corresponder à boa-fé; (Incluído pela Lei nº 13.874, de 2019);

IV – for mais benéfico à parte que não redigiu o dispositivo, se identificável; e (Incluído pela Lei nº 13.874, de 2019);

V – corresponder a qual seria a razoável negociação das partes sobre a questão discutida, inferida das demais disposições do negócio e da racionalidade econômica das partes, consideradas as informações disponíveis no momento de sua celebração. (Incluído pela Lei nº 13.874, de 2019).

§ 2º As partes poderão livremente pactuar regras de interpretação, de preenchimento de lacunas e de integração dos negócios jurídicos diversas daquelas previstas em lei. (Incluído pela Lei nº 13.874, de 2019).

Como é possível observar, as inclusões trazidas pela Lei nº 13.874/2019, reforçam o entendimento que já se tinha sobre esses artigos, tendo por mérito, nesse ponto, não a apresentação de grandes novidades na legislação vigente, mas de deixar sua própria interpretação mais clara e expressa, saltando aos olhos de quem lê.

Assim, olhando para o parágrafo primeiro, temos o inciso I, ressaltando o comportamento das partes conforme a boa-fé objetiva reforça o papel confirmador da conduta das partes após a celebração e na execução do negócio jurídico. O inciso II, salienta a necessidade de se observar o ponto de relevância hermenêutica ao levar em consideração as práticas do mercado relativas especificamente àquele tipo de negócio, e o inciso III reforça uma vez mais a boa-fé, repetindo o já disposto no *caput*.

Apesar de não ser um ponto abordado por neste texto, o inciso IV igualmente fortalece a interpretação extensiva[202] que já era adotada por parte da doutrina sobre o artigo 423 do Código Civil, ao entender por sua aplicação não apenas aos contratos por adesão, mas igualmente para cláusulas específicas que foram aderidas, ou redigidas pela outra parte.

Finalmente, o inciso V representa o expresso aceite da teoria de Karl Larenz, no que tange à interpretação do negócio jurídico e a necessidade

---

[202] ARAUJO, Paulo Dóron Rehder de; ZANCHIM, Kleber Luiz. Interpretação contratual: o problema e o processo. In: Wanderley Fernandes. (Org.). **Contratos Empresariais: fundamentos e princípios dos contratos empresariais.** São Paulo: Saraiva, 2007, p. 176.

de se observar o equilíbrio econômico quisto pelas Partes. Este inciso V, é um misto de esclarecimento que abrange tanto explicações sobre a aplicação do artigo 112 como sobre o artigo 113.

A nova redação ressalta a necessidade do intérprete de compreender e manter o equilíbrio econômico e a racionalidade originalmente encontrada pelas Partes para replicá-la no momento atual da interpretação. Novamente em linha com os ensinamentos de Karl Larenz, faz o intérprete olhar para texto e contexto reforçando um ponto que apesar de abrangido pela correta intepretação da função social do contrato, respeitando o acordado entre as partes, talvez não fosse muito bem compreendido, que é a necessidade de manutenção do equilíbrio originalmente almejado pelos contratantes.

O parágrafo segundo quer fortalecer a autonomia privada quanto a pactuação de regras de interpretação, contudo questiono sobre a efetividade dessa regra que autoriza "pactuar regras de interpretação, de preenchimento de lacunas e de integração dos negócios jurídicos diversas daquelas previstas em lei", "diversas" não significa autorização legal para ser contrário aos preceitos legais, especialmente para os princípios da boa-fé, da função social do contrato e da dignidade humana que permeiam nosso ordenamento jurídico. As principais restrições legais quanto às regras de interpretação não estão na impossibilidade das partes de definirem essas regras, entendo que já estavam dentro do âmbito da autonomia privada a inclusão de cláusulas nesse sentido, os limites a isto estão principalmente à inevitabilidade de se respeitar evolução legal social estabelecida por nosso ordenamento jurídico.

As regras de interpretação do negócio jurídico corroboram o exposto neste trabalho ancorando o entendimento de que a teoria de Karl Larenz foi recepcionada e é aplicada no nosso ordenamento jurídico, especialmente diante das alterações trazidas pela Lei nº 13.974/2019 que acrescentou dois parágrafos ao artigo 113. A primeira regra quer encontrar a base objetiva do negócio jurídica, sendo que a segunda quer sua manutenção.

3.2. Boa-fé objetiva

A ideia e a aplicação da boa-fé objetiva não era algo necessariamente novo para o direito pátrio quando introduzido no Código Civil de 2002, uma vez que já vinha sendo aceito pela doutrina e de certa forma apli-

TEORIA DA BASE OBJETIVA DO NEGÓCIO JURÍDICO

cado pela jurisprudência da época, além de expressamente previsto no Código de Defesa do Consumidor e em casos bastante específicos inclusive no antigo Código Civil de 1916[203] [204]. No entanto, a tímida aplicação anterior e a necessidade de uma regra geral no Código Civil justificam o festejo com o qual a inclusão tal previsão foi recebida pela doutrina pátria.

A boa-fé objetiva, diferentemente da boa-fé subjetiva, e por esse motivo tão aclamada, trata de condutas ativas objetivamente auferidas e, portanto, claramente percebidas, sem qualquer julgamento subjetivo do agente. Daniel Penteado de Castro[205] esclarece:

> Denomina-se "objetiva" porque a sua finalidade é impor aos contratantes uma conduta de acordo com os ideiais de honestidade e lealdade, independentemente do subjetivismo do agente; em outras palavras, as partes contratuais devem agir conforme um modelo de conduta social, sempre respeitando a confiança e o interesse do outro contratante.

A boa-fé subjetiva, por sua vez, trata da intenção do agente, "consiste numa análise subjetiva do estado de consciência do agente por ocasião de um dado comportamento"[206], logo, mais difícil de ser verificada e comprovada.

[203] Antônio Junqueira de Azevedo traz como exemplos específicos o contrato de seguro e o contrato de sociedade, os quais já no Código Civil de 1916 já estabeleciam a necessidade de uma relação de boa-fé objetiva. (A Boa fé na formação dos contratos. Disponível em: http://www.revistas.usp.br/rfdusp/article/download/67168/69778/, acessado em 31/01/2019. p. 81).

[204] Flávio Tartuce afirma que, na realidade, a primeira previsão sobre boa-fé objetiva de cunho contratual prevista em nosso ordenamento ocorreu já em 1850 com o disposto no artigo 131, I, do Código Comercial (Curso de Direito Civil 3, p. 91). Porém, no âmbito das pesquisas realizadas para o presente trabalho, é voz isolada ao quanto à afirmação de tratar-se de boa-fé objetiva, muitos doutrinadores dão mérito a este artigo pela previsão pioneira da boa-fé, contudo ou sem classificar como objetiva ou subjetiva ou afirmando tratar-se de boa fé subjetiva. Tereza Negreiros, em sua obra Teoria dos Contratos: Novos Paradigmas, esclarece que apesar de alí constar, essa previsão "jamais chegou a merecer a atenção da doutrina, tampouco da jurisprudência, revelando-se a incompatibilidade de uma tal noção com um ambiente jurídico marcado pela ideologia liberal" (p. 126, rodapé).

[205] Castro, Daniel Penteado de. Breves contribuições acerca da boa-fé objetiva e revisão contratual. In: JABUR, Gilberto Haddad; PEREIRA JÚNIOR, Antonio Jorge (Coord.). **Direito dos contratos II** São Paulo: Quartier Latin do Brasil, 2008. P. 99.

[206] NEGREIROS, Teresa. Teoria do contrato: novos paradigmas. Rio de Janeiro: Renovar, 2002. p. 119-120.

OUTROS INSTITUTOS QUE FUNDAMENTAM A TEORIA DA BASE

Não obstante tratar de condutas visivelmente perceptíveis, a boa-fé é um desses conceitos abertos que dependem da análise do caso concreto para definição exata de sua aplicação. Não pode ser confundido, contudo, com um conceito vazio ou indeterminado, uma vez que a ação contrária à boa-fé é clara, além disso, a doutrina e a jurisprudência muito já discutiram a esse respeito, delineando um conteúdo mais preciso. Tereza Ancona Lopez[207] fala sobre essa indeterminação moderada do conceito de boa-fé objetiva:

> Não concordamos que boa-fé seja conceito totalmente vazio ou indeterminado, *tout court*, conforme proclamado pela maioria da doutrina, pois já sabemos de antemão o que é e o que não é proceder de boa-fé. Boa-fé é correção, é lealdade, é probidade. Francesco Galgano, referindo-se às normas do CC italiano que tratam da boa-fé objetiva, é enfático ao afirmar: "Boa-fé não significa outra coisa nessas normas, senão correção e lealdade ("Nuona fede" altro non significa, in queste nome, se non correttezza o lealtá"). Há, por assim dizer, uma gradação nos conceitos indeterminados, podendo ser quase ou totalmente vazios.

Três são as funções boa-fé objetiva estabelecidas pelo código civil e identificadas pela doutrina: (i) função interpretativa-integrativa, observado pelo disposto no artigo 113 do Código Civil[208]; (ii) função criadora

---

[207] LOPEZ, Teresa Ancona. Princípios Contratuais. In: FERNANDES, Wanderley (Coord). Contratos empresariais: fundamentos e princípios dos contratos empresariais. 2ª ed. São Paulo: Saraiva, 2012. P. 63-64.

[208] Não obstante a distinção entre boa-fé objetiva e subjetiva ser muito tratada pela doutrina, chama atenção de quem estuda a matéria o fato de existirem artigos os quais alguns autores tratam como boa-fé objetiva e outros como boa-fé subjetiva, como é o caso do artigo 131, I, do Código Comercial e também do artigo 113 do atual Código Civil, o qual Rodrigo Rebouças trata como hipótese de boa-fé subjetiva (REBOUÇAS, Rodrigo. **Autonomia Privada e a Análise Econômica do Contrato**, p. 72, enquanto Daniel Penteado de Castro (CASTRO, Daniel Penteado de. **Breves contribuições acerca da boa-fé objetiva e revisão contratual**, p. 101) o classifica como uma previsão da boa-fé objetiva. Teresa Negreiros aborda essa questão afirmando que a classificação da boa-fé para o nosso direito será sempre suscetível a questionamentos uma vez que a lei não traz essa diferenciação de forma clara, enquanto, no direito alemão, por sua vez, os diferentes aspectos da boa-fé são designados com expressões distintas *Treu* e *Glauben*, para a boa-fé objetiva; e *guter Glaube*, para a boa-fé subjetiva (NEGREIROS, Teresa. **Teoria do Contrato: novos paradigmas.** Ob. cit. p. 123-124). O autor da redação do artigo 113 do Código Civil, José Carlos Moreira Alves, é categórico ao

TEORIA DA BASE OBJETIVA DO NEGÓCIO JURÍDICO

de deveres, norma de conduta, decorrente do disposto no artigo 422, do Código Civil; e (iii) função de controle, limitadora do exercício de direitos, estabelecida pelo artigo 187, do Código Civil[209]. Pode-se dizer que a teoria da base do negócio jurídico recebe respaldo de todas essas três funções.

A função interpretativa-integrativa da boa-fé objetiva está prevista no artigo 113 do Código Civil, que assim dispõe: "Art. 113. Os negócios jurídicos devem ser interpretados conforme a boa-fé e os usos do lugar de sua celebração". A interpretação conforme a boa-fé objetiva, como ensina Cláudio Luiz Bueno de Godoy[210], está voltada à busca do sentido em si das cláusulas contratuais, com base nos preceitos da boa-fé objetiva, da conservação do contrato e do equilíbrio da prestação e contraprestação, devendo observar a proporção entre os compromissos assumidos e as vantagens esperadas. A aplicação de tais preceitos necessita novamente da concretude da qual fala Miguel Reale[211] como anteriormente citado, sendo bastante oportuna a explicação de Judith Martins-Costa[212] sobre a finalidade da função interpretativa:

> [...] direcionar o intérprete, na avaliação do contrato (considerando o texto contratual e conduta contratual), ao sentido contextualmente

afirmar que essa cláusula trata da função interpretativa-integrativa da boa-fé objetiva. (ALVES, José Carlos Moreira. **O novo Código Civil brasileiro: principais inovações na disciplina do negócio jurídico e suas bases romanísticas.** Ob. cit. p. 4).

[209] Com algumas diferenças de nomenclatura, ou na forma de identificá-las, essas funções são apresentadas em praticamente todos os textos sobre boa-fé objetiva, sendo alguns exemplos: REBOUÇAS, Rodrigo Fernandes. **Autonomia Privada e a Análise Econômica do Contrato.** 1 ed. São Paulo: Almedina, 2017, p. 74-75; NEGREIROS, Teresa. **Teoria do contrato: novos paradigmas.** Rio de Janeiro: Renovar, 2002, p. 118-119, 126, 131; MORSELLO, Marco Fábio. Da boa-fé nas fases pré e pós-contratuais no direito brasileiro, In: JABUR, Gilberto Haddad; PEREIRA JÚNIOR, Antonio Jorge (Coord.). **Direito dos contratos II** São Paulo: Quartier Latin do Brasil, 2008. p. 302.

[210] GODOY, Cláudio Luiz Botelho de. **Função Social do Contrato: os novos princípios contratuais.** 3ª ed. São Paulo: Saraiva, 2009. p. 77.

[211] REALE, Miguel. Anais do "EMRJ Debate o Novo Código Civil – Exposição de Motivos do Supoerviso da Comissão Revisora e Elaboradora do Cósigo Civil, Doutor Miguel Reale, datada de 16 de Janeiro de 1975" Disponível em http://www.emerj.tjrj.jus.br/revistaemerj_online/edicoes/anais_onovocodigocivil/anais_especial_1/Anais_Parte_I_revistaemerj_9.pdf, em 30/01/2019. p. 16.

[212] MARTINS-COSTA, Judith. **Boa-fé no Direito Privado – critérios para a sua aplicação.** São Paulo: Marcial Pons, 2015. P. 507.

OUTROS INSTITUTOS QUE FUNDAMENTAM A TEORIA DA BASE

mais coerente com a utilidade que seria possível esperar daquele contrato particularmente considerado, em vista de sua finalidade econômico-social.

Salienta essa necessária integração da função interpretativa da boa-fé objetiva com o princípio da concretude, basilar do Código Civil, o professor Rodrigo Fernandes Rebouças[213]:

> Conforme visto acima, a interpretação do contrato é diretamente vinculada ao princípio norteador do Código Civil da concretude, de forma que não há o que se falar em uma aplicação linear e padronizada da boa-fé como regra de interpretação. Deve o operador do direito ater-se a cada uma das realidades específicas de cada contrato e identificar os objetivos traçados pelas partes e a função econômico-social almejada.

É justamente essa interpretação conforme o contexto e a função econômico-social desejada que trazem a objetividade que se espera da interpretação conforme a boa-fé objetiva. Deixa-se de tentar encontrar a "real vontade" dos contratantes, fruto da interpretação conforme a boa-fé subjetiva, para olhar para o contexto objetivo do contrato, o local de sua assinatura, o tipo contratual, as partes envolvidas, a finalidade econômica-social de cada contrato. O contrato deixa de ser compreendido apenas como um instrumento escrito isolado do mundo, mas como um documento que resulta de um contexto que vai além da redação e que pode ser auferido com a observação objetiva das circunstâncias que rodeiam a contratação, não se trata de tentar descobrir a vontade das partes querendo entrar em seus pensamentos simplesmente, mas sim da observação de fatos concretos, ainda que não escritos, facilmente identificáveis por um observador externo.

Ora, a teoria da base do negócio jurídico, igualmente como determina o artigo 113 do Código Civil, estabelece que a base do negócio jurídico deve ser observada em seu contexto, de modo a identificar a causa e os reais elementos sem os quais referido contrato seria considerado sem sua essência.

---

[213] REBOUÇAS, Rodrigo Fernandes. **Autonomia Privada e a Análise Econômica do Contrato.** 1 ed. São Paulo: Almedina, 2017. P. 77.

TEORIA DA BASE OBJETIVA DO NEGÓCIO JURÍDICO

A importância desse artigo para o Código Civil e a amplitude de suas consequências, faz com que Miguel Reale o considere como um "artigo chave" do Código Civil. Miguel Reale ressalta como a eleição desse artigo para compor o Código Civil ressalta a "eticidade de sua hermenêutica" e a sua "socialidade, ao se fazer alusão aos usos do lugar de sua celebração"[214], sendo que, quanto a essa segunda parte, Flávio Tartuce faz notar ainda integração da boa-fé objetiva com a função social do contrato[215].

O destacado duplo sentido desta função como "interpretativa-integrativa", onde o termo "integrativa" é adicionado, é trazido especialmente por Tereza Negreiros[216], que opta por salientar não apenas a função de interpretar o que está escrito, mas de integrar com o contexto, podendo o resultado ser uma interpretação mais ampla ou até mais restrita do que está escrito, por considerar o contexto da questão.

O artigo 422 do Código Civil apresenta a função criadora de deveres da boa-fé objetiva, com a seguinte redação: "Art. 422. Os contratantes são obrigados a guardar, assim na conclusão do contrato, como em sua execução, os princípios de probidade e boa-fé". Plenamente superada é a discussão sobre a aplicação desse artigo em todas as fases contratuais (fase pré-contratual/negociações, durante a execução do contrato e fase pós-contratual), e não apenas na conclusão e execução do contrato, sendo que tanto a jurisprudência como a doutrina são uníssonas ao defender a sua aplicação em todos os momentos da relação contratual[217].

Os deveres gerados por essa função criadora da boa-fé objetiva são tratados pela doutrina por diversos nomes diferentes, porém todos claramente sinônimos, são os chamados deveres instrumentais, secundá-

[214] REALE, Miguel. Um artigo chave do Código Civil. Disponível em: http://www.miguel reale.com.br/artigos/artchave.htm. Acesso em: 16/02/2019. p. 2.

[215] TARTUCE, Flávio. Direito Civil 3: teoria geral dos contratos e contratos em espécie. 8ª ed. Rio de Janeiro: Forense – São Paulo: Método, 2013. P. 93.

[216] NEGREIROS, Teresa. Teoria do contrato: novos paradigmas. Rio de Janeiro: Renovar, 2002. p. 135.

[217] Felizmente, a preocupação e crítica de Antonio Junqueira de Azevedo, em seu artigo "Insuficiências, deficiências e desatualização do projeto de Código Civil na questão da boa-fé objetiva nos contratos", na época uma crítica ao que ainda era apenas o projeto do Código Civil, abordava, dentre outras questões, justamente essa falha na redação do artigo 422, acabou por ser superada pela doutrina e jurisprudência, mesmo sem sofrer alteração em sua redação.

OUTROS INSTITUTOS QUE FUNDAMENTAM A TEORIA DA BASE

rios, laterais, anexos ou acessórios[218]. São deveres os quais, como seus diversos nomes sugerem, vão além do objeto principal do contrato e que, em realidade, sequer necessitam de previsão expressa, uma vez que intrínsecos a todas as relações, apesar de poderem ter aspectos distintos conforme o tipo contratual. Como esina Judith Martins-Costa, a boa-fé objetiva atua como "fonte autônoma de direitos e obrigações, não adstrita à vontade nem a texto punctual de lei"[219].

Teresa Negreiros exemplifica a aplicação da boa-fé objetiva como criadora de deveres anexos, através da lógica de um contrato de locação:

> São denominados deveres instrumentais por forma a enfatizar a sua serventia como meio para garantir a consecução do fim do contrato, Assim, num contrato de locação é dever principal, por parte do locador, a entrega do bem em condições de ser utilizado pelo locatário; por parte deste último, é dever principal o pagamento do preço ajustado. Nesta relação, contudo, inúmeros outros deveres podem ser atribuídos a ambos os contratantes de modo a que o contrato de locação, considerado de forma global, seja levado a com termo.
>
> Muitos desses deveres estarão previstos na lei ou mesmo no instrumento contratual, outros decorrerão do princípio da boa-fé. Por exemplo, decorre do princípio d boa-fé o dever de o locatário comunicar o locador, tão logo quanto possível, a existência de cupinzeiros que no futuro possam vir a causar danos ao imóvel. Já o proprietário, igualmente, por força do princípio da boa-fé, tem o dever de, ainda na fase das tratativas, dar ao futuro locatário informação correta e precisa acerda de todas as circunstâncias que podem influir na decisão de contratar ou não, como, por exemplo, ser o imóvel vizinho a um grupo de músicos de rock[220].

Muitas classificações e diferentes possibilidades de deveres anexos são encontradas na doutrina e podem variar conforme a natureza e a fase do contrato. Não obstante todas as possibildiades, Cláudio Luiz

---

[218] NEGREIROS, Teresa. Teoria do contrato: novos paradigmas. Rio de Janeiro: Renovar, 2002. p. 149.

[219] MARTINS-COSTA, Judith. **Boa-fé no Direito Privado – critérios para a sua aplicação.** São Paulo: Marcial Pons, 2015. p. 507.

[220] NEGREIROS, Teresa. Teoria do contrato: novos paradigmas. Rio de Janeiro: Renovar, 2002. p. 150.

TEORIA DA BASE OBJETIVA DO NEGÓCIO JURÍDICO

Bueno de Godoy afirma que podem ser resumidas nos seguintes deveres: dever de informação, de sigilo, de colaboração e de cuidado, os quais explica:

> Pelo dever de informar, se entende seja indispensável, na relação contratual, conduta de transparência, de esclarecimento sobre os dados, objeto e características atinentes ao contrato, envolvendo ainda o aconselhamento, quando se trate de ajustes específicos, a que inerente a qualificação técnica de uma das partes, como são os contratos médicos ou de planos de saúde. Pelo dever de sigilo se exige reserva da parte sobre o que tenha sabido em razão do contrato e cuja divulgação lhe possa frustrar o objetivo ou trazer prejuízo a seu desenvolvimento e, por conseguinte, à própria contraparte. Pelo dever de colaboração, está a parte obrigada, de um lado, a não criar dificuldades para o cumprimento da prestação do outro contratante, mesmo que não cheque a impedi-la, de outro, impondo-se-lhe ainda a obrigação de cooperar mesmo para que o contrato chegue a seu melhor termo. E, pelo dever de cuidado impõe-se ao contratante a cautela de não contratar ou agir de forma a causar exarcebados riscos de danos à pessoa ou ao patromônio do outro contratante[221].

Esses deveres podem variar conforme o tipo e o momento do contrato, sendo que toda e qualquer lista encontrada na doutrina será sempre meramente exemplificativa. Igualmente, cada dever pode sofrer variações quanto à sua intensidade, dependendo tratar-se de relações civis, de consumo ou empresarial. Quanto à impossibilidade de se ter uma lista rígida de deveres anexos, voltamos uma vez mais para os ensinamentos de Teresa Negreiros:

> Mais uma vez, contata-se que o princípio da boa-fé impõe um padrão de conduta legal, correto e honesto que, contudo, se materializa em exigências que não podem ser de antemão definidas. Com efeito – e isto fica muito claro na lista exemplificativa reproduzida acima – "os deveres de cooperação e proteção dos recíprocos interesses especificam-se em comportamentos diversos conforme uma séria de fatores, tais como: a condição socioeconômica dos contratantes; o tipo de vínculo que os

---

[221] GODOY, Cláudio Luiz Botelho de. Função Social do Contrato: os novos princípios contratuais. 3ª ed. São Paulo: Saraiva, 2009. P. 80.

OUTROS INSTITUTOS QUE FUNDAMENTAM A TEORIA DA BASE

une, mais ou menos fundado na confiança; a finalidade do ajuste; e demais circunstâncias a serem valoradas concretamente pelo magistrado.[222]

Deveres anexos como dever de informação, por exemplo, ajudam na formação da base do negócio jurídico, seja no seu sentido objetivo como no sentido subjetivo. Os deveres de cooperação e proteção dos recíprocos interesses zelam pela manutenção da base do negócio jurídico, sendo que esta, portanto, também recebe o amparo da cláusula geral da boa-fé objetiva quando olhamos para sua função criadora de direitos e deveres.

Não menos importante para o sistema do código civil e para o entendimento aqui proposto é a função limitadora da boa-fé, prevista no artigo 187 do Código Civil, a partir do qual, uma conduta que seria inicialmente entendida como lícita, baseada em um direito, pode tornar ilícita, pelo instituto do abuso do direito. Reza o artigo 187 que *"também comete ato ilícito o titular de um direito que, ao exercê-lo, excede manifestamente os limites impostos pelo seu fim econômico ou social, pela boa-fé ou pelos bons costumes"*, observa-se que a boa-fé e a teoria do abuso de direito são complementares uma vez que uma das formas de identificar os limites de um direito é pela aplicação da boa-fé. Vejamos a correlação desses institutos nas palavras de Teresa Negreiros:

> Diante da ordenação contratual, o princípio da boa-fé e a teoria do abuso de direito complementam-se, operando aquela como parâmetro de valoração do comportamento dos contratantes: o exercício de um direito será irregular, e nesta medida abusivo, se consubstanciar quebra de confiança e frustração de legítimas expectativas. Nesses casos, o comportamento formalmente lícito, consistente no exercício de um direito, é, contudo, um comportamento contrário à boa-fé e, como tal, sujeito ao controle da ordem jurídica.[223]

Quando se diz que o fundamento da teoria da base do negócio jurídico está na boa-fé objetiva, temos o abuso de direito como seu principal pilar. Em diversas decisões do Supremo Tribunal do *Reich* há o entendi-

---

[222] NEGREIROS, Teresa. Teoria do contrato: novos paradigmas. Rio de Janeiro: Renovar, 2002. p. 152.

[223] NEGREIROS, Teresa. Teoria do contrato: novos paradigmas. Rio de Janeiro: Renovar, 2002. p. 141.

TEORIA DA BASE OBJETIVA DO NEGÓCIO JURÍDICO

mento que ao querer o cumprimento do contrato, quando este tem sua base objetiva quebrada, a parte que exige sua manutenção atenta contra a boa-fé[224] e, portanto, não deve ser atendida. Nas situações analisadas é claro o abuso de direito da parte que deseja manter o contrato, que pode acontecer quando há o completo desequilíbrio da relação de equivalência[225], bem como quando há a frustração do fim do contrato.

Dentro da lógica da limitação de direitos subjetivos, são estudadas as seguintes situações: *venire contra factum proprium, tu quoque, suppressio e surrectio*[226], as quais serão brevemente explicadas. As duas primeiras situações, são decorrentes da teoria do ato próprio, originária da Europa continental, a qual é explicada por Teresa Negreiros:

> De uma forma geral, a teoria dos atos próprios importa reconhecer a existência de um dever por parte os contratantes de adotar uma linha de conduta uniforme, proscrevendo a duplicidade de comportamento, seja na hipótese em que o comportamento posterior se mostra incompatível com atitudes indevidamente tomadas anteriormente *(tu quoque)*, seja na hipótese em que, embora ambos os comportamentos considerados isoladamente não apresentem qualquer irregularidade, consubstanciam quebra de confiança de tomados em conjunto *(venire contra factum proprium)*.[227]

Importa ressaltar que os comportamentos descritos dentro de uma situação caracterizada como *venire contra factum proprium* são idividualmente considerados como atos lícitos, porém, atos lícitos contraditórios, sendo que um primeiro ato cria expectativa, cria uma nova base para o contrato, enquanto o ato seguinte vem quebrar essa expectativa, acarre-

---

[224] Karl Larenz, citando decisão RGZ, 103.177 (1921), trata dessa questão: "Por conseguinte, atenta a la buena fe que una parte insista en exigir la prestación, cuando las relaciones de valoración se hayan transformado tanto que el deudor recibiría por su prestación una contraprestación en la que no podría verse, ni aproximadamente, el equivalente en el que según na finalidade del contrato, debía consistir"." (LARENZ, Karl. Ob. cit. p. 126.)

[225] Nessa hipótese, na realidade, observados os limites da nossa legislação, devendo ser observados os requisitos estabelecidos no artigo 478, do Código Civil.

[226] REBOUÇAS, Rodrigo Fernandes. Autonomia Privada e a Análise Econômica do Contrato. 1 ed. São Paulo: Almedina, 2017. p. 88.

[227] NEGREIROS, Teresa. Teoria do contrato: novos paradigmas. Rio de Janeiro: Renovar, 2002. p. 142.

OUTROS INSTITUTOS QUE FUNDAMENTAM A TEORIA DA BASE

tando, portanto, na quebra da base do negócio jurídico ao atentar contra a boa-fé objetiva[228].

Diferente é a situação do *tu quoque,* onde uma pessoa que age de forma incorreta não pode cobrar de outra que haja corretamente, sem causar o mínimo de estranheza, não há nessa situação melhor frase para explicar esse instituto que a célebre frase de Júlio Cesar que diz *"até você que agiu desse modo, vem agora exigir de mim um comportamento diferente?",* citada por A. Junqueira de Azevedo[229] que por sua vez faz referência à doutrina alemã (Lorenz e Teubner). Paulo Dóron Rehder de Araujo complementa essa explicação:

> [...] está-se diante de uma regra mediante a qual a pessoa que viole uma norma jurídica não poderia, sem abuso, exercer a posição jurídica que essa norma lhe tivesse atribuído Trata-se de aplicação da máxima inglesa de que *equity must come with clean hands,* pois fere o mais basilar senso comum de justiça a idéia de que uma pessoa possa desreipetar um comando jurídico e, depois, vir exigir de outrem seu acatamento. É exatamente essa a idéia do *tu quoque,* a impossibilidade de exigir de outro o cumprimento de regra que eu mesmo não cumpri.[230]

A *supressio* e a *surrectio,* são duas faces da mesma moeda e pode-se afirmar corretamente que são também consequências do *venire contra factum proprium*[231]. Tem-se a *supressio,* ou a supressão de um direito, quando quem poderia exigir sua aplicação deixa de fazer, de forma sucessiva,

---

[228] ARAUJO, Paulo Dóron Rehder de. Tratamento contemporâneo do princípio da boa-fé objetiva nos contratos. In: JABUR, Gilberto Haddad; PEREIRA JÚNIOR, Antonio Jorge (Coord.). **Direito dos contratos II** São Paulo: Quartier Latin do Brasil, 2008. p. 320.

[229] AZEVEDO, Antonio Junqueira de. Interpretação do contrato pelo exame da vontade contratual. O comportamento das partes posterior à celebração. Interpretação e efeitos do contrato conforme o principio da boa-fé objetiva. Impossibilidade de venire contra factum proprium e de utilização de dois pesos e duas medidas (tu quoque). Efeitos do contrato e sinalagma. A assunção pelos contratantes de riscos específicos e a impossibilidade de fugir do programa contratual estabelecido. Disponível em: http://ead2.fgv.br/ls5/centro_rec/docs/ Interpretacao_do_contrato.pdf, acesso em: 17/02/2019. p. 8.

[230] ARAUJO, Paulo Dóron Rehder de. Tratamento contemporâneo do princípio da boa-fé objetiva nos contratos. In: JABUR, Gilberto Haddad; PEREIRA JÚNIOR, Antonio Jorge (Coord.). **Direito dos contratos II** São Paulo: Quartier Latin do Brasil, 2008. pp. 321-322.

[231] NEGREIROS, Teresa. Teoria do contrato: novos paradigmas. Rio de Janeiro: Renovar, 2002. p. 142, rodapé.

TEORIA DA BASE OBJETIVA DO NEGÓCIO JURÍDICO

até o ponto de perder tal direito. Como outra face desta moeda tem-se a surrectio, que é o surgimento desse direito perdido para a outra parte. Exemplo clássico dessa situação de *supressio* e *surrectio*, é do devedor que sempre paga sua dívida com 5 (cinco) dias de atraso sem que isso acarrete em qualquer reclamação pelo credor ou a aplicação de multa contratual, passados alguns dessa mesma situação não pode o credor, repentinamente, mudar sua postura para fazer valer o disposto em contrato, pois terá perdido tal direito, terá ocorrido uma alteração tácita nas regras contratuais, passando a ser válido o pagamento no prazo de 5 (cinco) dias após a data originalmente acordada. Temos aqui, novamente, a construção de uma base que, repentinamente é quebrada por uma das partes.

Finalmente, também como uma consequência da função limitadora da boa-fé, importa falar de seus reflexos em hipóteses de rescisão abusiva do contrato, como bem ressalta Paulo Dorón Rehder de Araújo[232]. Nesse campo são estudados o exercício abusivo de cláusulas resolutivas e a questão performance substancial. A impossibilidade de rescisão contratual quando há grandes investimentos por uma das partes, e ciente a parte contrária, já é prevista no próprio texto do Código Civil no artigo 473, parágrafo único, que assim dispõe: "*Se, porém, dada a natureza do contrato, uma das partes houver feito investimentos consideraveis para a sua execução, a denúncia unilateral só produzirá efeito depois de transcorrido prazo compatível com a natureza e o vulto dos investimentos*". Nessa cláusula temos uma hipótese de aplicação direta e expressa da teoria da base objetiva do negócio jurídico, mas às avessas do que estamos acostumados a ver, determinando a manutenção do contrato em razão de sua base ao invés de tratar de uma hipótese de revisão do contrato no sentido de alterá-lo ou rescindi-lo, nesse caso é a resolução do contrato geraria a quebra da base objetiva do negócio jurídico, sendo que necessária a manutenção do contrato para respeitá-la.

No mesmo sentido é o instituto da performance substancial do contrato, segundo o qual não cabe a rescisão do contrato se a outra parte, estando de boa-fé, deixa de adimplir o contrato, mas já cumpriu parte

---

[232] ARAUJO, Paulo Dóron Rehder de. Tratamento contemporâneo do princípio da boa-fé objetiva nos contratos. In: JABUR, Gilberto Haddad; PEREIRA JÚNIOR, Antonio Jorge (Coord.). **Direito dos contratos II** São Paulo: Quartier Latin do Brasil, 2008. pp. 322-323.

substancial do mesmo. Nota-se que a boa-fé aqui é exigida das partes, tanto do devedor quanto do credor. Claro que não é o caso de deixar simplesmente prejuízo ao credor, mas buscar alternativas à simples rescisão do contrato, uma vez que esta significaria um prejuízo excessivo ao devedor que já cumpriu com a maior parte de sua obrigação, restando apenas uma pequena parcela. Finalmente, novamente no instituto do cumprimento substancial é possível observar a aspectos da aplicação da teoria da base objetiva do negócio jurídico, bastante ligada à questão da manutenção da relação de equivalência entre prestações e contraprestações, sendo que a desconsideração do fato que o devedor já cumpriu a maior parte de sua obrigação acarreta em uma desproporção desarrazoada da relação de equivalência, não podendo, portanto, ser rescindido o contrato. Nessa hipótese, revisitando o contrato para sua garantir sua manutenção, sendo que a sua rescisão acarretaria em uma penalidade desproporcional para aquele que já cumpriu quase que sua totalidade. Apesar de tratarmos a questão da manutenção da equivalência das prestações de forma distinta do direito alemão, de forma mais rigorosa, é certo que a busca pela manutenção desse equilíbrio é observada de formas diversas no decorrer do texto legal.

Diante todo o exposto, resta muito claro como, apesar da teoria da base do negócio jurídico ter tido, inicialmente, como principal porta de entrada a função social do contrato, esta também possui guarida cláusula geral da boa-fé objetiva. De fato, em todas as suas aplicações, seja na interpretação contratual, nos deveres anexos e, principalmente, na sua função limitadora combinada com o artigo do abuso de direito, é possível observar como o Código Civil de 2002 busca preservar a base objetiva do negócio jurídico.

4. Jurisprudência

Foi realizada uma breve análise da jurisprudência do Superior Tribunal de Justiça (STJ) e dos Tribunais de Justiça Estaduais, com especial ênfase para o Tribunal de Justiça do Estado de São Paulo (TJSP), especificamente das câmaras especializadas em direito empresarial, o Tribunal de Justiça no Estado do Rio Grande do Sul (TJRS) e o Tribunal de Justiça do Estado do Rio de Janeiro, com o objetivo de verificar como essa questão tem sido analisada por nossos tribunais.

Quando pesquisado o termo "base objetiva" no campo destinado à pesquisa de jurisprudência do sítio do Superior Tribunal de Justiça são encontrados exatamente oito acórdãos. Dentre estes, (i) dois são anteriores ao Código Civil de 2002 e já aplicam a teoria da quebra da base objetiva do negócio jurídico, mas nesse caso para a quebra da relação de equivalência em razão dos problemas de hiperinflação enfrentados há época[233]; (ii) dois tratam de relação de consumo em contratos de compra e venda de imóveis e não aplicam a teoria pois, de fato, incorretamente sugerida pelos autores da demanda, que buscavam a revisão contratual com base em alteração na situação pessoal[234]; (iii) dois não

---

[233] STJ. REsp nº 94.692/RJ. Quarta Turma. Rel. Min. Sálvio de Figueiredo Teixeira. Data do Julgamento: 25/06/1998; STJ. REsp nº 135.151/RJ. Quarta Turma. Rel. Min Ruy Rosado de Aguiar. Data do Julgamento: 08/10/1997.

[234] STJ. AgInt no AResp nº 1.340.590/SE. Quarta Turma. Rel. Min. Raul Araújo. Data do Julgamento: 23/04/2019; STJ. AgInt no REsp nº 1.514.093/CE. Quarta Turma. Rel. Min. Marco Buzzi. Data do Julgamento: 25/10/2016.

aplicam a teoria no fato concreto, mas com justificativas distintas, ambas corretas ao meu julgamento, sendo que o RESP 1.321.614 -SP trata de contrato fixado em dólar em momento que a moeda já flutuava livremente, não sendo razoável esperar que não pudessem ocorrer variações cambiais[235], e o RESP 1.149.602 – DF trata de cláusula determinando a fórmula de revisão de aluguel em shopping center na hipótese de renovação do contrato[236]; e, (iv) dois aplicam a teoria da base objetiva para resolver o contrato[237], porém, é dever ressaltar que em ambos os casos, na realidade, o aceite do STJ pela aplicação da teoria da base objetiva do negócio jurídico não ocorre de forma direta, mas de forma indireta mantendo a decisão do tribunal de origem e pela aplicação das súmulas 5 e 7/STJ, que determinam que a interpretação de cláusula contratual e o reexame de prova não ensejam Recurso Especial[238].

Como é possível observar, são poucos os julgados que tratam desse assunto no STJ, de modo que não há o que se falar em uma situação consolidada, sendo que sequer é possível verificar alguma similaridade ou algum padrão recorrente nas decisões que tratam sobre a teoria da base objetiva. Adicionalmente, nota-se que a falta de distinção entre a quebra na relação de equivalência e a frustração na finalidade do contrato gera uma dificuldade na aceitação da teoria da base objetiva do negócio jurídico, sem, contudo, afastá-la em definitivo.

O problema na falta de distinção quanto às duas hipóteses de quebra na base objetiva do negócio jurídico parece ser o principal ponto de divergência entre o entendimento quanto à aplicação ou não da teoria, sendo que a devida distinção e compreensão desse ponto deveriam auxiliar no esclarecimento da maior parte das divergências.

---

[235] STJ. REsp 1.321.614. Terceira Turma. Rel. Min. Ricardo Villas Bôas Cueva. Data do Julgamento: 16/12/2014.

[236] STJ. EDcl no AgInt no AREsp nº 1.149.602/DF. Quarta Turma. Rel. Min. Luis Felipe Salomão. Data do Julgamento: 27/11/2018.

[237] STJ. AgInt no AREsp nº 698.136/SP. Terceira Turma. Rel. Min. Paulo de Tarso Sanseverino. Data do Julgamento: 16/02/2017; e, STJ. REsp nº 1.324.185/SP. Terceira Turma. Rel. Min. Paulo de Tarso Sanseverino. Data do julgamento: 04/11/2014.

[238] STJ. Súmula 5 – A simples interpretação de cláusula contratual não enseja Recurso Especial. Súmula 7 – A pretensão de simples reexame de prova não enseja Recurso Especial. Disponível em: http://www.stj.jus.br/docs_internet/VerbetesSTJ_asc.pdf. Acesso em/; 29/01/2020.

JURISPRUDÊNCIA

Como exemplo, podemos citar o REsp 1.321.614[239], no qual o ministro relator, em hipótese de quebra da equivalência das prestações[240], afirma que não é aplicada a teoria da base objetiva do negócio jurídico, considerando que não se trata de relação de consumo[241]. Entretanto, em relação típica de quebra da base em razão de frustração da finalidade, o STJ aceita a teoria da base objetiva do negócio jurídico sem se tratar de relação de consumo[242]. Essa distinção entre quebra da relação de equivalência e frustração da finalidade, entretanto, em nenhum momento é feita pelo tribunal, quase como se não existisse a distinção elaborada por Larenz.

Conforme esclarecido, são apenas duas decisões que aplicam a teoria da base objetiva do negócio jurídico no STJ, cada uma com justificativas bastante distintas, sendo uma com base na quebra da relação de equivalência, em total desacordo com a jurisprudência majoritária, em situação de estiagem e perda na produção de soja[243], e a outra, que vale ser estudada com maior profundidade, trata de hipótese de frustração da finalidade[244].

Nesse passo, o RESP nº 1.342.185 – SP trata de uma ação declaratória de nulidade de contrato de cessão onerosa de créditos, prêmios do IPI, o qual restou prejudicado em razão da recusa pelo Judiciário em aceitar a cessão e a substituição do credor, a questão levantada é se a impossibi-

---

[239] STJ. REsp 1.321.614. Terceira Turma. Rel. Min. Ricardo Villas Bôas Cueva. Data do Julgamento: 16/12/2014.

[240] Quebra esta, que na realidade, talvez também não fosse considerada por Larenz devido as condições específicas do processo.

[241] Como já afirmado anteriormente, as relações de consumo não são tratadas pelo presente trabalho em razão de legislação específica. De fato, no RESP em questão, conforme acima descrito, entendo que não deveria ser aplicada a teoria da base objetiva, entretanto, a justificativa do magistrado não olha para as hipóteses de aplicação dessa teoria, mas para o fato de não se tratar de relação de consumo.

[242] Esse caso trata da cessão de créditos de IPI, para um caso que a União acaba por não aceitar a cessão, prejudicando a base objetiva do negócio jurídico realizado entre cedente e cessionária. STJ. REsp nº 1.324.185/SP. Terceira Turma. Rel. Min. Paulo de Tarso Sanseverino. Data do julgamento: 04/11/2014.

[243] STJ. AgInt no AREsp nº 698.136/SP. Terceira Turma. Rel. Min. Paulo de Tarso Sanseverino. Data do Julgamento: 16/02/2017.

[244] STJ. REsp nº 1.324.185/SP. Terceira Turma. Rel. Min. Paulo de Tarso Sanseverino. Data do julgamento: 04/11/2014.

TEORIA DA BASE OBJETIVA DO NEGÓCIO JURÍDICO

lidade de utilização de referidos créditos é causa para o desfazimento da cessão de crédito.

Enquanto a parte requerida queria resolver a questão como se a divergência estivesse na natureza da cessão, se *pro soluto* ou *pro solvendo*, a parte requerente, alegava que não se discutia a insolvência da Fazenda Nacional, "mas a nulidade do contrato por não se ter atingido a sua finalidade precípua, já que os créditos prêmio do IPI, por disposição legal, não podem ser cedidos, podendo apenas ser usufruídos pelo seu titular"[245], decisão esta que restou confirmada em processo judicial anterior a este.

Como já apontado, apesar da aplicação da teoria ocorrer de forma indireta, com certa superficialidade na argumentação, fato é que em sua decisão o Ministro Paulo de Tarso Sanseverino concorda e ratifica a decisão do Tribunal de Justiça de São Paulo, embasada no fato que a cessão realizada não logrou cumprir sua finalidade, bem como enfatiza a racionalidade do acórdão revisitado.

> O ilustre Ministro destaca em seu Voto os seguintes aspectos do acórdão: A solução alvitrada pelo Egrégio Tribunal de Justiça do Estado de São Paulo, ao interpretar o artigo 295 do CPC, considerou, especialmente, a fatispécie do contrato de cessão de crédito prêmio de IPI e, mais especificamente, as cláusulas estipuladas no contrato discutido.

> Destacou-se a *previsão de observações relativas à necessidade da substituição da cessionária no polo ativo da ação* executiva, o que, incontroversamente, não ocorrera, entendendo, ao fim e ao cabo, *que tais observações eram verdadeiras condicionantes do próprio negócio*, como que a previsão de uma responsabilização, por parte da cedente, do resultado positivo em favor da cessionária[246]. (*grifo nosso*)

E então, conclui seu voto com o seguinte comentário:

> [...] a *Corte de origem reconheceu o comprometimento da própria base objetiva do contrato*, a frustração de cláusulas a estabelecer o ingresso do cessionário

[245] STJ. REsp nº 1.324.185/SP. Terceira Turma. Rel. Min. Paulo de Tarso Sanseverino. Data do julgamento: 04/11/2014. p. 2.
[246] STJ. REsp nº 1.324.185/SP. Terceira Turma. Rel. Min. Paulo de Tarso Sanseverino. Data do julgamento: 04/11/2014. p. 8.

na demanda executiva, e a *existência de regras específicas, estipuladas contratualmente*, a dar nuanças diferenciadas à cessão de crédito prêmio de IPI e à responsabilidade entre cedente e cessionário, o que refoge da competência desta Corte Superior perscrutar[247]. (*grifo nosso*).

Notório como o Ministro Paulo de Tarso Sanseverino, do STJ, ressalta os aspectos específicos dessa contratação, devidamente observados pelo Tribunal de Justiça do Estado de São Paulo, para concluir que a base objetiva do contrato foi comprometida quando a cessão de créditos mostrou-se inócua.

A jurisprudência do Tribunal de Justiça do Estado de São Paulo, por outro lado, parece um pouco mais consolidada para entender pela aplicação da teoria da base objetiva do negócio jurídico especificamente nas hipóteses de frustração da finalidade do contrato.

Considerando que a pesquisa em tela foi realizada notadamente nas câmaras especializadas em direito empresarial, é possível verificar muitos casos relacionados ao direito societário[248], e alguns casos relativos a contratos de franquia[249] e trespasse[250].

É bastante interessante notar como, talvez por tratar estritamente de casos relacionados ao direito empresarial, os julgados analisados naturalmente já tratam especificamente da frustração da finalidade.

Dentre os casos encontrados no TJSP, cabe destacar dois que têm a aplicação da teoria de forma mais nítida e uniforme dentro da proposta deste trabalho: i) a Apelação nº 0185722-26.2008.8.0100, e ii) Apelação nº 0126662-25.2008.8.26.0100, ambas de relatoria do Des. Ênio Santarelli Zuliani.

No caso da apelação nº 0185722-26.2008.8.0100, o voto proferido pelo desembargador relator reflete de forma bastante clara a teoria da base objetiva do negócio jurídico, inclusive para considerar o conjunto

---

[247] Idem. p. 9.

[248] Apenas a título de exemplo, cito a Apelação nº 1011242-62.2016.8.26.0006. TJSP. 1ª Câmara Reservada de Direito Empresarial. Rel. Des. Cesar Ciampolini Data do julgamento: 21/05/2018.

[249] Ex. Apelação nº 0185722-26.2008.8.0100, 1ª Câmara de Dir. Empresarial. Rel. Des. Enio Zuliani. Data do Julgamento: 23/04/2013.

[250] Ex. AgInt nº 2154463-36.2018.8.26.0000. TJSP. 2ª Câmara de Dir. Empresarial. Rel. Des. Araldo Telles. Data do Julgamento: 22/10/2018.

TEORIA DA BASE OBJETIVA DO NEGÓCIO JURÍDICO

de circunstâncias que rodeiam a contratação em questão para chegar à conclusão da quebra da base objetiva do negócio jurídico. O caso em tela trata de contrato de franquia no qual, apesar da franqueadora afirmar que garantiu apenas a preferência para determinados pontos comerciais, o conjunto de circunstâncias objetivamente auferíveis desmonstraram que apenas dois pontos específicos faziam sentido para o franqueado, sendo que, a impossibilidade de abertura de franquia nos locais acordados frustrava a finalidade concreta do acordado entre as partes:

> Não se admite como aceito pelo candidato, que os termos do contrato lhe asseguraram prioridade na escolha dos locais (shoppings Paulista ou Eldorado), porque *essa não é a conclusão que se extrai dos acontecimentos que circundaram o fim precoce da negociação.*
>
> Os e-mails trocados entre os contratantes (fls. 121/135) evidenciam que o pré-franqueado não tinha interesse em nenhum outro ponto comercial diferente dos shoppings citados, inclusive porque houve sistemática recusa da vontade do pré-franqueador em convencê-lo de que outro ponto comercial também poderia ser interessante para abertura de seu negócio[251]. (*grifo nosso*).

O acórdão sob análise não fala expressa e diretamente sobre a teoria da base objetiva do negócio jurídico, inclusive em sua ementa fala-se em "destruição da base objetiva do projeto". Dessa forma, uma vez mais tem-se a aplicação da teoria da base objetiva do negócio jurídico, a qual é explicada porém não diretamente mencionada, e sem muito detalhamento do fundamento utilizado pelo Tribunal, resta claro apenas que se trata da aplicação da teoria e que a demanda foi decidida com base na lei civil, dentro da matéria de contratos, uma vez que vislumbrados fatores externos que impediram a manutenção do contrato pretendido.

A apelação nº 0126662-25.2008.8.26.0100, também de relatoria do Des. Enio Zuliani, por sua vez trata de um caso de trespasse, na qual foi decretada a resolução do negócio por destruição de sua base objetiva. O curioso nessa decisão é que o fato de demandante e demandado, inclusive com a apresentação de reconvenção, não terem mencionado

---

[251] TJSP. Apelação nº 0185722-26.2008.8.0100, 1ª Câmara de Dir. Empresarial. Rel. Des. Enio Zuliani. Data do Julgamento: 23/04/2013. p. 3-4.

JURISPRUDÊNCIA

a destruição da base objetiva do contrato em suas teses, sendo que sua aplicação decorre da conclusão do próprio tribunal sobre o apresentado. Vejamos:

> Conclui-se, assim, que o negócio não pôde se concretizar por diversos fatores, sendo que as partes não provam com atitudes concretas interesse nas obrigações que lhe seriam devidas da forma como estabelecidas, sendo impossível identificar o culpado pela frustração do negócio.
>
> É cabível falar em destruição da base objetiva do negócio independente de confirmação da culpa, notadamente quando as partes não conseguem provar que ocorreu infração contratual ou com o propósito de criar rupturas inconciliáveis com a conservação do negócio, como na hipótese. O importante é que a destruição da base do negócio sirva para compor os interesses prejudicados, como é da essência da teoria de KARL LARENZ [*Base del negocio jurídico y cumplimiento de los contratos*, tradução de Carlos Fernandes Rodriguez, Editorial Revista de Derecho Privado, 1956, p. 195.][252].

Com base apenas nos julgados estudados, entretanto, não é possível compreender exatamente com base em qual artigo da legislação a teoria da base objetiva do negócio jurídico é aplicada. Nos julgados do STJ são citados de forma superficial a função social do contrato e a boa-fé objetiva, sem maior aprofundamento da matéria.

Independente da justificativa adotada pelos tribunais, a realidade é que ainda há pouco material jurisprudencial que trata da aplicação da teoria da base objetiva do negócio jurídico em razão da frustração da finalidade, apesar de pouco aplicada porém quando ocorre sua utilização dentro do Código Civil, independentemente do CDC, em regra a teoria da base objetiva do negócio jurídico tem sido aplicada, ao menos no STJ e no TJSP, e de forma muito similar ao aqui defendido, observando a circunstância das situações e respeitada a autonomia privada nos casos concretos.

A análise jurisprudencial até aqui apresentada, contudo, representa apenas uma pequena parcela da jurisprudência nacional, sendo rele-

---

[252] TJSP. Apelação nº 0126662-25.2008.8.26.0100, 1ª Câmara Reservada de Direito Empresarial. Rel. Des. Enio Zuliane. Data do julgamento: 27/03/2012. p. 6-7.

TEORIA DA BASE OBJETIVA DO NEGÓCIO JURÍDICO

vante, ainda, lembrar que dentro do TJSP foram avaliadas especificamente questões de direito empresarial.

Nos demais tribunais pesquisados, quais sejam, no Tribunal de Justiça do Rio de Janeiro e no Tribunal de Justiça do Rio Grande do Sul, não foi encontrada nenhuma hipótese de aplicação da teoria da base objetiva do negócio jurídico que não tivesse por fundamento do Código de Defesa do Consumidor.

Qualquer tentativa de análise dos motivos disso ocorrer seria fundamentada única e exclusivamente em suposições e achismos, fato é que não foi localizado sequer um julgado que aplicasse a teoria da base objetiva do negócio jurídico que não fosse em casos de aplicação do CDC. Esclareço que isso não ocorre por falha dos tribunais, que acertadamente não aplicam a teoria em situações que deveriam ser de aplicação do artigo 478 do Código Civil, se fosse o caso, como é recorrente no estado do Rio Grande do Sul em decisões sobre contrato de safra futura[253] ou ainda em casos onde na realidade ocorre a alteração na situação financeira de uma das partes e não na base do contrato em si[254].

Observando a jurisprudência encontrada, em conjunto com a falta de jurisprudência sobre essa matéria, parece que o assunto está melhor disseminado e compreendido dentro do direito empresarial, área na qual foi mais fácil encontrar decisões que aplicam a teoria da base objetiva do negócio jurídico com base especificamente na frustração da finalidade, com análise um pouco mais atenta a esse tema. Apesar dos poucos julgados, entretanto, não parece que há um óbice por parte de nossos tribunais de aceitar a teoria, que inclusive, como no caso da Apelação nº 0126662-25.2008.8.26.0100, o faz apenas diante da análise da situação.

---

[253] TJRS. Apelação nº 0137203-04.2017.8.21.7000. 17ª Câmara Cível. Rel. Des. Liége Puricelli Pires. Data do Julgamento: 31.08.2017./ TJRS. Apelação nº 0292705-33-2017-8-21-7000. 17ª Câmara Cível. Rel. Des. Liége Puricelli Pires. Data do Julgamento: 22.02.2018./ TJRS. Apelação nº 0332473-29.2018.8.21.7000. 17ª Câmara Cível. Rel. Des. Liége Puricelli Pires. Data do Julgamento: 29.11.2018.

[254] TJRS. Apelação nº 0169524-58.2018.8.21.7000. 13ª Câmara Cível. Rel. Des. Ângela Terezinha de Oliveira Brito. Data do julgamento: 09.08.2018. TJRJ. Apelação nº 0063447-52.2003.8.19.0001. 18ª Câmara Cível. Rel. Des. Heleno Ribeiro Pereira Nunes. Data do Julgamento: 13.12.2011.

Conclusões

As origens da teoria da base objetiva do negócio jurídico remontam à cláusula *rebus sic stantibus,* do direito romano, sendo grande sua evolução até os dias atuais.

Desde o primeiro entendimento, no Código de Justiniano, de que o contrato deve permanecer desde que mantidas as condições existentes no momento da contratação, esse entendimento já passou por momentos de discussão e de esquecimento, com teorias mais amplas e mais restritas, para chegar na teoria da base objetiva do negócio jurídico como hoje a entendemos e que ainda não é unanimidade.

O grande mérito da teoria de Karl Larenz sobre a base do negócio jurídico foi identificar e separar essa base em subjetiva e objetiva, sendo que enquanto aquela trata da representação mental e esperança de ambos os contratantes, esta trata de critérios circunstanciais objetivamente auferíveis para a identificação de uma base do negócio jurídico necessária para que o significado do que foi efetivamente contratado possa ser encontrado e sem a qual o contrato não teria sentido.

Ao falar em conjunto de circunstâncias e estado geral de coisas objetivamente auferíveis, Karl Larenz traz segurança jurídica para a sua teoria, que não se baseia nos motivos que levaram as partes a tomar determinada decisão, mas se funda em situações que são facilmente verificáveis no caso concreto. Por outro lado, a teoria de Larenz atende aos critérios de justiça e razoabilidade ao afirmar que as hipóteses de destruição da base objetiva do negócio jurídico justificam o término ou a alteração do contrato.

TEORIA DA BASE OBJETIVA DO NEGÓCIO JURÍDICO

A teoria de Karl Larenz foi integral e expressamente aceita pelo Código Civil alemão, em razão das reformas ocorridas no ano de 2001.

Diferentemente do BGB Alemão, o Código Civil de 2002, entretanto, não traz de forma expressa a teoria da base objetiva do negócio jurídico, sendo que o objetivo do presente trabalho foi o de responder à pergunta se a teoria da base objetiva do negócio jurídico teria sido recepcionada pelo Código Civil de 2002, ainda que de forma indireta.

Apesar do direito alemão poder parecer distante da nossa realidade, a verdade, como demonstrado, é que o direito brasileiro possui grande influência dos países europeus, com fortes referências não apenas no direito alemão, mas também italiano, francês e português. Sendo que este, por sua vez, também tem forte influência do direito alemão.

Tais influências, entretanto, não significa a recepção *ipsis literis* de teorias estrangeiras, mas são teorias que devem ser consideradas e compreendidas para o melhor entendimento do nosso próprio direito.

Nesse sentido, primeiramente é possível notar que para a hipótese de quebra da base do negócio jurídico por desproporção na equivalência entre prestação e contraprestação, a teoria foi recepcionada em regra específica disposta no artigo 478 do Código Civil, sendo que o nosso código civil e a jurisprudência tem demonstrado uma aplicação bastante restrita e dura deste artigo, ademais é possível observar outros momentos nossa legislação, doutrina e jurisprudência consideram a desproporção na equivalência das prestações, como no caso do artigo 317, bem como de outras teorias que são discutidas como a questão do cumprimento substancial do contrato, sem contudo replicar exatamente o proposto por Larenz. O artigo 478 e as outras situações que tratam da desproporção na equivalência das prestações não tratam, entretanto, das hipóteses de quebra da base objetiva do contrato quando há a frustração da finalidade comum do contrato.

Como observado, a teoria da base objetiva do negócio jurídico entra no nosso ordenamento não apenas por um único artigo, mas é também a todo o momento reforçada por uma estrutura legislativa que demonstra fazer sentido concluir por sua recepção e aplicação.

Foi demonstrado que a porta de entrada da teoria da base objetiva do negócio jurídico, assim considerada especialmente por seu caráter de cláusula instrumental, é o artigo 421 do Código Civil que trata da função

CONCLUSÕES

social do contrato, mas esse entendimento é ratificado e suportado pelas regras de interpretação contratual e pela boa-fé objetiva.

Para melhor compreensão de como a teoria da base objetiva integra o artigo 421 da função social do contrato, o primeiro passo foi compreender a ligação histórica entre a corrente do direito denominada "socialismo jurídico" e suas críticas ao BGB, para encontrar um meio termo em juristas como Enrico Cimballi e Emílio Betti, sendo deste o conceito de função social do contrato que devemos utilizar uma vez que este é fonte de inspiração para Miguel Reale nos levando a crer que é o seu conceito o utilizado no artigo 421 da forma como o conhecemos.

A utilização dos ensinamentos de Emílio Betti mostrou-se a mais adequada não apenas porque inspirou Miguel Reale, mas por encontrar um meio termo entre o indivíduo e o social, respeitando a autonomia privada, o princípio da concretude e observando o importante papel que o contrato possui na sociedade como instrumento de troca de bens e serviços.

Os dois pontos de vista apresentados por Emílio Betti para a função social do contrato se enquadram perfeitamente nos dois momentos do artigo 421, sendo que a característica político-legislativa atende à parte que diz que a liberdade de contratar será realizada nos limites da função social do contrato, onde temos uma função social com característica de princípio ordenador e estruturante do direito, bem como quando a função social possui tratamento de causa concreta do contrato, correspondendo à primeira parte do artigo 421 ao afirmar que a liberdade de contratar ocorre em razão da função social do contrato, sendo esta sua finalidade concreta.

Nesse aspecto tem-se a perfeita compatibilidade entre a função social do contrato de Emílio Betti e a teoria da base objetiva do negócio jurídico de Karl Larenz. Além da percepção de que as duas teorias possuem raciocínios compatíveis, também os autores Karl Larenz e Emílio Betti são contemporâneos sendo possível identificar em suas obras menção expressa de um ao outro, o que também justifica essa compatibilidade.

Os dois autores, como visto, possuem fundamentação causalista. Emílio Betti mais amplo, sendo possível identificar dois significados de causa em seus trabalhos, conforme explicação de Antonio Junqueira de

TEORIA DA BASE OBJETIVA DO NEGÓCIO JURÍDICO

Azevedo[255], sendo que a teoria da base objetiva do negócio jurídico está dentro do significado de causa concreta, ou finalidade do contrato.

O artigo 421, ao determinar que a liberdade de contratar deve ser exercida em razão da função social do contrato, acolhe a ideia que o contrato tem uma função social que lhe é intrínseca, possui uma finalidade própria essencial na sociedade, sendo instrumento para trocas de bens e serviços e, portanto, essencial para o convívio em sociedade. Sendo sua finalidade concreta essencial para o convívio social, e considerando que a liberdade de contratar ocorre em razão dessa finalidade essencial, é uma consequência natural o entendimento que na hipótese dessa finalidade ser prejudicada, com a destruição de sua base objetiva, logo, o contrato não deve ser mantido, pois deixa de cumprir sua função social.

A conclusão originalmente alcançada nesse trabalho, contudo, tendo o artigo 421 do Código Civil como porta de entrada da Teoria da Base Objetiva do Negócio Jurídico, restou um tanto abalada com a alteração do texto do artigo 421, pela Lei nº 13.874, de 2019 e a exclusão do termo "em razão" do enunciado trazido por este artigo, um erro do legislador que desrespeita a origem e a lógica do Código Civil de 2002.

Apagar uma parte do texto, contudo, apesar de enfraquecer o sentido do artigo 421, não apaga toda a história que se tem por trás da inclusão desse artigo no nosso Código Civil, e seu importante papel ainda como princípio do direito contratual. A conclusão alcançada, outrossim, não possui fundamento apenas no artigo 421, o Código Civil de 2002 foi elaborado para ser lido em seu conjunto, a própria estrutura de parte geral e parte especial, demonstra a necessidade dessa leitura considerando o todo. São complementares e ratificam esse entendimento, dessa forma, os artigos 112 e 113, que tratam da interpretação contratual, o artigo 187, que fala sobre o abuso de direito, e o artigo 422 do Código Civil de 2002, que aborda a boa-fé objetiva que deve ser observada nas contratações.

As regras de interpretação do negócio jurídico não são regras que apenas sugerem um caminho, mas que o demonstram claramente e se-

---

[255] AZEVEDO, Antônio Junqueira de. **Negócio jurídico e Declaração Negocial: Noções gerais e formação da declaração negocial.** São Paulo: Universidade de São Paulo, 1986. p. 127-129.

CONCLUSÕES

guem uma posição política do legislador, de modo que dizem muito sobre como o código civil deve ser aplicado.

Os artigos 112 e 113 tratam a interpretação do negócio jurídico de maneira complementar olhando para o contrato *"según el significado de las intenciones de ambos contratantes"* [256], entendendo *"el conjunto de circunstâncias y estado general de cosas"*[257], para que *"pueda subsistir como regulación dotada de sentido"*[258]. A forma como devem ser interpretados os negócios jurídicos fundamentam a compreensão dada ao artigo 421, pois determinam a interpretação do contrato da mesma forma como é feito por Larenz com base não apenas no sentido literal das palavras, mas também olhando para seu contexto, de modo a encontrar a base objetiva do negócio jurídico, necessária para que este exista como regulação dotada de sentido e abrindo caminho para sua complementação ou limitação através da interpretação segundo artigo 113[259]. Se por um lado a nova lei nº 13.874/2019 enfraqueceu o artigo 421 e seu papel como porta de entrada da teoria da base objetiva do negócio jurídico, as alterações ao Código Civil trouxeram um reforço extra para compreender a essencialidade do artigo 113 na aplicação da teoria de Karl Larenz, com a inserção de parágrafos e incisos que tratam a interpretação contratual da forma como ensinado por Larenz. Cabe ressaltar como essa posição se enquadra com o princípio da concretude, um dos pontos basilares da legislação atual, conforme salientado por Miguel Reale em diversas ocasiões.

Ao falar em teoria da base objetiva do negócio jurídico não se pode deixar de mencionar, igualmente, a boa-fé objetiva, a qual está presente no Código Civil de 2002 com três funções distintas e também complementares, no já mencionado artigo 113, com função interpretativa-integrativa, bem como nos artigos 422 e 187.

As primeiras aplicações jurisprudenciais de situações de quebra da base do negócio jurídico pelos tribunais alemães foram realizadas com base na boa-fé objetiva que devem manter as partes, sendo que a manu-

---

[256] LARENZ, Karl. **Base del negocio jurídico y cumplimiento del contrato.** Tradução Espanhola de: Carlos Fernández Rodríguez. Granada: Editorial Comares, 2002. p. 211.

[257] Idem ibidem.

[258] Idem ibidem.

[259] CC 2002. Art. 113. Os negócios jurídicos devem ser interpretados conforme a boa-fé e os usos do lugar de sua celebração. Disponível em: http://www.planalto.gov.br/ccivil_03/leis/2002/L10406compilada.htm.

TEORIA DA BASE OBJETIVA DO NEGÓCIO JURÍDICO

tenção de um contrato cuja base foi quebrada não condiz com o dever de cooperação exigido das partes.

A evolução da teoria como temos hoje decorreu da necessidade de critérios mais claros e objetivos para sua aplicação com atenção não apenas à justiça das relações, mas também com vistas à tão importante segurança jurídica dos contratos, mas não se pode negar sua relação com a boa-fé objetiva.

Ora, apesar da boa-fé objetiva ter tido recepção anterior pela doutrina e jurisprudência nacionais, o Código Civil de 2002 inovou ao trazê-la para a legislação de forma expressa, demonstrando uma vez mais que todo o contexto do código civil aceita a teoria da base objetiva do negócio jurídico.

Em harmonia com o artigo 113, que fundamenta a função integrativa -interpretativa da boa-fé objetiva para todo o negócio jurídico, o artigo 422 reforça os deveres laterais decorrentes da boa-fé objetiva nos contratos, ao determinar que as partes ajam conforme a boa-fé objetiva em todos os momentos contratuais. Essas obrigações anexas, existentes independentemente da vontade das partes, observadas dentro do contexto do estudo realizado, ora orientam a formação da base objetiva do negócio jurídico, como é o caso do dever de informação, ora correspondem à necessária manutenção da base que fundamentou o acordo, observado, por exemplo, pelos deveres anexos de cooperação e proteção.

Finalmente, mas não menos importante, sendo, na realidade, outro componente fundamental do nosso ordenamento, é a aplicação da boa-fé objetiva com função limitadora do artigo 187. Como observado no decorrer do trabalho, a frustração da finalidade do contrato não altera a posição do fornecedor que ainda está disponível para realizar a sua prestação, a exigência da manutenção do contrato nessa hipótese, entretanto, é uma clara posição de abuso de direito, pois fere o que foi objetivamente contratado.

Diante de todo o exposto, não há como negar a aplicação da teoria da base objetiva do negócio jurídico no nosso ordenamento jurídico. Sua inclusão não ocorre como no BGB de forma claramente expressa na lei, quase que repetindo os termos da obra de Karl Larenz, mas isso não afasta sua aplicação. Como observado, a teoria se enquadra não apenas em um dispositivo, mas é suportada por todo o conjunto do Código Civil de 2002, o que demonstra sua força no nosso ordenamento que não se limita a abrir as portas para sua entrada, mas também, e a todo o momento, reforça e ampara a sua aplicação.

A conclusão aqui alcançada é suportada, ainda, pela breve análise jurisprudencial realizada. Apesar de serem escassos os casos de aplicação da teoria da base objetiva do negócio jurídico, parece ser a falta de compreensão sobre a teoria e como ela deve ser compreendida o principal fator de sua não aplicação mais ampla, e não a negação da teoria em si.

Nota-se que nos julgamentos do STJ a teoria não é refutada, apenas não aplicada quando não se trata de hipótese de aplicação, porém sendo muitas vezes ratificada a decisão do tribunal de origem que a utilizou. São nos casos julgados pelo Tribunal de Justiça do Estado de São Paulo que é possível encontrar maior frequência na aplicação e compreensão da teoria da base objetiva do negócio jurídico, com bastante aplicação em contratos empresariais.

Nos demais tribunais pesquisados, contudo, não foi possível encontrar hipóteses de emprego da teoria estudada, porém isso não ocorre porque os tribunais que a refutavam o faziam por si só, mas porque realmente não lidavam com possibilidades de sua aplicação. Assim, observa-se que muitas das tentativas de aplicação da teoria da base objetiva do negócio jurídico foram tentativas equivocadas, onde realmente não cabia sua aplicação, o que demonstra que ainda há pouca familiaridade e compreensão sobre o tema, atestando a necessidade de mais estudos e discussões sobre essa matéria.

Nesse ponto, volto novamente a atenção para a falta de distinção tanto na doutrina como na jurisprudência das hipóteses de quebra da situação de equivalência e da frustração da finalidade do contrato, quando no âmbito dos contratos cíveis e empresariais. Julgados que refutam a teoria muitas vezes a refutavam por completo, como se não fosse aplicada em hipótese alguma, sendo que, aparentemente, esta é uma das principais causas de confusão sobre sua aplicação ou não, que poderia ser facilmente esclarecida e pacificada.

REFERÊNCIAS

AGUIAR JÚNIOR, Ruy Rosado de. **Projeto do Código Civil: As Obrigações e os Contratos**. In: MENDES, Gilmar Ferreira; STOCCO, Rui (Org.). **Direito civil: parte geral: atos, fatos, negócios jurídicos e bens**. São Paulo: Revista dos Tribunais, 2011. v. 4. (Doutrinas essenciais). P. 515-533.

ALVES, José Carlos Moreira. **A parte geral do Projeto do Código Civil**. In: Revista CEJ, V.3 n. 9 set./dez. 1999. Disponível em: http://www.jf.jus.br/ojs2/index.php/revcej/article/view/231/393. Acesso em: 11/06/2019.

ALVES, José Carlos Moreira. **O novo Código Civil brasileiro: principais inovações na disciplina do negócio jurídico e suas bases romanísticas**. Disponível em: http://www.dirittoestoria.it/5/Tradizione-Romana/Moreira-Alves-Codigo-civil-brasileiro-Negocio-juridico.htm. Acesso em: 11/06/2019.

ARAUJO, Paulo Dóron Rehder de; ZANCHIM, Kleber Luiz. Interpretação contratual: o problema e o processo. In: Wanderley Fernandes. (Org.). **Contratos Empresariais: fundamentos e princípios dos contratos empresariais**. São Paulo: Saraiva, 2007, v. , p. 159-204.

ÁVILA, Humberto BERGMANN. **Subsunção e concreção na aplicação do direito**. Porto Alegre: UFRGS, 1994.

AZEVEDO, Antônio Junqueira de. **Insuficiências, deficiências e desatualização do projeto de Código Civil na questão da boa-fé objetiva nos contratos**. Disponível em: http://ead2.fgv.br/ls5/centro_rec/docs/Insuficiencias_deficiencias_e_desatualizacao.pdf. Acesso em: 30/01/2019.

AZEVEDO, Antônio Junqueira de. **Negócio jurídico e Declaração Negocial: Noções gerais e formação da declaração negocial**. São Paulo: Universidade de São Paulo, 1986.

TEORIA DA BASE OBJETIVA DO NEGÓCIO JURÍDICO

AZEVEDO, Antônio Junqueira de. **Negócio jurídico: existência, validade e eficácia.** 4ed. São Paulo: Saraiva, 2002.

AZEVEDO, Antônio Junqueira de. **Novos Estudos e Pareceres de Direito Privado.** 1ª ed. São Paulo: Saraina, 2009.

BETTI, Emilio. **Teoria Geral do Negócio Jurídico. I.** Coimbra: Coimbra Editora, 1969.

BETTI, Emilio. **Teoria Geral do Negócio Jurídico. Tomo II.** Camponas: LZN Editora, 2003.

BRANCO, Gerson Luiz Carlos. **Função social dos contratos: interpretação à luz do Código Civil.** São Paulo: Saraiva, 2009.

CORDEIRO, António Menezes. **Direito das obrigações, v. 2.** Lisboa: Associação Académica da Universidade de Lisboa, 1994.

FERNANDES, Wanderley (Coord.). **Contratos empresariais: fundamentos e princípios dos contratos empresariais.** 2.ed. São Paulo, SP: Saraiva, 2012.

FREGNI, Gabriella. **A base objetiva do negócio jurídico e as consequências da sua quebra.** Revista de Direito Privado, vol. 39/2009, p. 169-181. Jul-Set/2009, DTR\2009\420. Disponível em: http://revista dostribunais.com.br/maf/app/resultList/document?&src=rl&srguid=i0a d6adc50000015c51a89997223152a6&docguid=I615015d0f25311dfab-6f010000000000&hitguid=I615015d0f25311dfab6f010000000000&s pos=2&epos=2&td=63&context=59&crumb-action=append&crum b-label=Documento&isDocFG=true&isFromMultiSumm=true&start Chunk=1&endChunk=1 Acesso em: 28.05.2017. (Paginação da versão ele trônica difere da versão impressa).

GODOY, Cláudio Luiz Botelho de. **Função Social do Contrato: os novos princípios contratuais.** 3ª ed. São Paulo: Saraiva, 2009.

GOGLIANO, Dayse. **A Função Social do Contrato (causa ou motivo).** Disponível em: www.revistas.usp.br/rfdusp/article/viewFile/67622/70232. Acesso em: 10/4/2019.

GOMES, Orlando. **Contratos.** 26.ed. Rio de Janeiro: Forense, 2009.

JABUR, Gilberto Haddad; PEREIRA JÚNIOR, Antonio Jorge (Coord.). **Direito dos contratos.** São Paulo: Quartier Latin do Brasil, 2006.

JABUR, Gilberto Haddad; PEREIRA JÚNIOR, Antonio Jorge (Coord.). **Direito dos contratos II** São Paulo: Quartier Latin do Brasil, 2008.

JORNADA DE DIREITO CIVIL. AGUIAR JR., Ruy Rosado de (Org.). Brasília: CJF, 2005. Disponível em: https://www.cjf.jus.br/cjf/corregedoria-da-justi-ca-federal/centro-de-estudos-judiciarios-1/publicacoes-1/cjf/corregedoria-

REFERÊNCIAS

da-justica-federal/centro-de-estudos-judiciarios-1/publicacoes-1/jornadas-cej/iii-jornada-de-direito-civil-1.pdf. Acesso em: 14/04/2018.

LAGO, Ivan Jacopetti do. **A contribuição da filosofia de São Tomás de Aquino à compreensão do Contrato de Compra e Venda.** Disponível em: oapecsuperior.com.br/revista-cientifica/index.php/REJU/article/download/39/53 Acesso em: 22.04.2018.

LARENZ, Karl. **Base del negocio juridico y cumplimiento del contrato.** Tradução Espanhola de: Carlos Fernández Rodríguez. Granada: Editorial Comares, 2002.

LARENZ. Karl. **O estabelecimento de relações obrigacionais por meio de comportamento social típico (1956).** Tradução de: Alessandra Hirata. Revisão técnica de: Flávia Portella Püschel. In: Revista de Direito GV3, v.2 n.1, p. 055-064, jan-jun 2006. Disponível em: http://bibliotecadigital.fgv.br/ojs/index.php/revdireitogv/article/view/35214/34014. Acesso em: 06/06/2019.

LEITÃO, Luís Manuel Teles de Menezes. **Direito das Obrigações: Vol. II. Transmissão e extinção das obrigações não cumprimento e garantias do crédito.** Coimbra: Editora Almedina, 2008.

MARINO, Francisco Paulo de Crescenzo. **Interpretação do Negócio Jurídico.** 6. ed. São Paulo: Saraiva, 2011.

MARTINS-COSTA, Judith. **Boa-fé no Direito Privado – critérios para a sua aplicação.** São Paulo: Marcial Pons, 2015.

MARTINS-COSTA, Judith. **O método da concreção e a interpretação dos contratos: primeiras notas de uma leitura suscitada pelo Código Civil.** In: Revista Brasileira de Direito Comparado. Disponível em: http://www.idclb.com.br/revistas/31/revistas31%20(10).pdf.

MARTINS-COSTA, Judith. **Reflexões sobre o princípio da função social dos contratos.** In: Revista Direito GV1, v.1 n.1, p. 041-066, maio 2005. Disponível em: http://bibliotecadigital.fgv.br/ojs/index.php/revdireitogv/article/view/35261/34057. Acesso em: 06/06/2019.

MARTINS-COSTA, Judith e BRANCO, Gerson Luiz Carlos. **Diretrizes Teóricas do novo Código Civil Brasileiro.** São Paulo: Saraiva, 2002.

MIRANDA, Custodio da Piedade Ubaldino. **Teoria Geral do Negócio.** 2. ed. São Paulo: Atlas, 2009.

MIRANDA, Pontes de; MARQUES, Cláudia Lima; MIRAGEM, Bruno (Atual.). **Tratado de direito privado: parte especial. Tomo 38.** São Paulo: Revista dos Tribunais, 2012.

NEGREIROS, Teresa. **Teoria do contrato: novos paradigmas.** Rio de Janeiro: Renovar, 2002.

NERY, Rosa Maria Andrade; NERY JÚNIOR, Nelson. **Instituições de direito civil: direito das obrigações, Vol. II.** São Paulo: Editora Revista dos Tribunais, 2015.

NERY, Rosa Maria Andrade; NERY JÚNIOR, Nelson. **Instituições de direito civil: contratos, Vol. III.** São Paulo: Editora Revista dos Tribunais, 2016.

NORDMEIER, Carl Friedrich. **O novo direito das obrigações no Código Civil Alemão – A reforma de 2002.** In: Digitalização de revista impressa Cadernos do Programa de Pós-Graduação em Direito, Número 1, Março de 2004. Publicação da Edição digitalizada em 30 de Junho de 2014. Disponível em: http://www.seer.ufrgs.br/ppgdir/article/download/43502/27380. Acesso em: 06/06/2019.

OLIVEIRA, Daniele de Lima de. **Breves notas sobre a evolução histórica da teoria da imprevisão e da quebra da base objetiva.** Revista de Direito Privado, vol 37/2009, p. 41-69, Jan-Mar/2009 DTR\2009\102. Disponível em: http://revistadostribunais.com.br/maf/app/widgetshomepage/resultList/document?&src=rl&srguid=i0ad6adc60000015c515040c8576a-d84b&docguid=I60a1fb80f25311dfab6f010000000000&hitguid=I60a-1fb80f25311dfab6f010000000000&spos=13&epos=13&td=63&context=100&crumb=-action=append&crumb-label=Documento&isDocFG-false&isFromMultiSumm=true&startChunk=1&endChunk=1 Acesso em 28/05/2017. (Paginação da versão eletrônica difere da versão impressa).

REALE, Miguel. **Função Social do Contrato.** Disponível em: http://www.miguelreale.com.br/artigos/funsoccont.htm. Acesso em: 22/03/2019.

REALE, Miguel. **Um artigo chave do Código Civil.** Disponível em: http://www.miguelreale.com.br/artigos/artchave.htm. Acesso em: 16/02/2019.

REALE, Miguel. Anais do **"EMRJ Debate o Novo Código Civil – Exposição de Motivos do Supoerviso da Comissão Revisora e Elaboradora do Cósigo Civil, Doutor Miguel Reale, datada de 16 de Janeiro de 1975".** Disponível em: http://www.emerj.tjrj.jus.br/revistaemerj_online/edicoes/anais_onovocodigocivil/anais_especial_1/Anais_Parte_I_revistaemerj_9.pdf. Acesso em: 30/01/2019.

REALE, Miguel. **Visão Geral do Projeto de Código Civil.** Disponível em: http://www.miguelreale.com.br/artigos/vgpcc.htm. Acesso em: 10/10/2019.

REBOUÇAS, Rodrigo Fernandes. **Autonomia Privada e a Análise Econômica do Contrato.** 1 ed. São Paulo: Almedina, 2017.

REFERÊNCIAS

RENTERÍA, Pablo. **Considerações acerca do Atual Debate sobre o Princípio da Função Social do Contrato.** In: Maria Celina Bodin de Moraes. (Org.) Princípios do Direito Civil Contemporâneo. 1ª ed. Rio de Janeiro: Renovar, 2006. Pgs. 281-313.

RODRIGUES JR., Otavio Luiz. **A influência do BGB e da doutrina alemã no Direito Civil brasileiro do século XX.** Disponível em: http://www.direito-contemporaneo.com/wp-content/uploads/2014/01/RODRIGUESJR-A-influencia-do-BGB-e-da-doutrina-no-Direito-Civil-brasileiro-do-seculo-XX-O-Direito.pdf. Acesso em: 07/06/2019.

ROPPO, Enzo. **O contrato.** Tradução Portuguesa de: Ana Coimbra e M. Januário C. Gomes. Coimbra: Almedina, 2009.

SIDOU, J. M. Othon. **A revisão judicial dos contratos e outras figuras jurídicas: a cláusula rebus sic stantibus; dos efeitos da fiança; empresa individual de responsabilidade limitada.** Rio de Janeiro: Forense, 1978.

SILVA, Clóvis V. do Couto e. **A obrigação como processo.** 1ed. – 6. Reimpressão. Rio de Janeiro: Editora FGV, 2006.

SILVA, Clóvis V. do Couto. **A teoria da base do negócio jurídico no direito brasileiro.** RT 655/11.

SILVA, De Plácido e. **Vocabulário Jurídico.** Atualizadores: Nagib Slaibi Filho e Gláucia Carvalho. 27ª ed. Rio de Janeiro: Forense, 2006.

SILVA, Luis Renato Ferreira. **Revisão dos Contratos.** Rio de Janeiro: Forense, 2001.

TARTUCE, Flávio. **Direito Civil 3: teoria geral dos contratos e contratos em espécie.** 8ª ed. Rio de Janeiro: Forense – São Paulo: Método, 2013.

VELOSO, Zeno. **Fato Jurídico-Ato Jurídico-Negócio Jurídico.** Revista de informação legislativa, v. 32, n. 125, p. 87-95, jan./mar. 1995. Disponível em: http://www2.senado.leg.br/bdsf/bitstream/handle/id/176311/000495714.pdf?sequence=1 Acesso em: 28.05.2017.

VERÇOSA, Haroldo Malheiros Duclerc. **Contratos Mercantis e a Teoria Geral dos Contratos – O Código Civil de 2002 e a Crise do Contrato.** São Paulo: Quartier Latin, 2010.

ZANCHIM, Kleber Luiz. **Contratos Empresariais.** Categoria – Interface com Contratos de Consumo e Paritários – Revisão Judicial. São Paulo: Quartier Latin, 2012.

ZANCHIM, Kleber Luiz. **O contrato e seus valores.** In: Antonio Jorge Pereira Júnior e Gilberto Haddad jabur. (Org.). **Direito dos Contratos II.** 1ed. São Paulo: Quartier Latin, 2008, v.1, p. 252-272.